# Dieter Forte
# Der Schein der Wahrheit

Hör- und Fernsehspiele
in einer Auswahl des Autors



Fischer Taschenbuch Verlag

2. Auflage


Hedderichstr. 114, 60596 Frankfurt am Main

Printed in Germany
ISBN 978-3-596-18537-5

Kontaktadresse nach EU-Produktsicherheitsverordnung:
produktsicherheit@fischerverlage.de

Dieser Band sammelt Dieter Fortes Hör- und Fernsehspiele in einer Auswahl und mit einem Kommentar des Autors, angereichert mit Material zur Entstehungsgeschichte und Einordnung. Fortes Fernsehspiele fanden ein Millionenpublikum, seine Hörspiele wurden mit Preisen ausgezeichnet. Sie erzählen mit Trauer und Anteilnahme, mit furiosem Zorn und beißender Ironie von den Zumutungen einer Gesellschaft, die sich bereitwillig den Vorgaben der Wirtschaft unterwirft – und zulässt, dass der freie Markt das ganze Leben regiert: »Armut und Krankheit sind nur geistige Fehlhaltung, Misserfolge nur Zwischenstationen auf dem Weg zum Erfolg«, sei es im Beruflichen oder Privaten. Heute, nach Finanzkrise und Börsencrashs, Globalisierung und den Glücksverheißungen der Informationsgesellschaft erscheinen Fortes bitterböse Satiren und Gesellschaftsdramen prophetisch – und so aktuell wie nie zuvor.

*Dieter Forte*, 1935 in Düsseldorf geboren, lebt heute in Basel. Seiner hochgerühmten Romantrilogie »Das Haus auf meinen Schultern« folgte seine bisher jüngste große Prosaarbeit, der Roman »Auf der anderen Seite der Welt«. Als Theaterautor gelang ihm mit »Martin Luther & Thomas Münzer oder Die Einführung der Buchhaltung« ein Welterfolg, dem sich weitere Stücke anschlossen. Dieter Forte erhielt zahlreiche Literaturpreise, zuletzt den Hans-Erich-Nossack-Preis, den Grimmelshausen-Preis und den Niederrheinischen Literaturpreis. Über seine Arbeit gibt Auskunft der Materialienband »Es ist schon ein eigenartiges Schreiben …«, herausgegeben von Jürgen Hosemann.

*Unsere Adresse im Internet: www.fischerverlage.de*

Ach dass meine Reden aufgeschrieben würden! Ach dass sie aufgezeichnet würden als Inschrift.

*Hiob*

# Inhalt

Die Sprache bildet unsere Gefühle, unser Denken, unsere Geschichten. Sie ist unsere Welt in ihren Worten und Bildern. Im Ursprung waren Wort und Bild eins in den Hieroglyphen und Bildzeichen. In den Handschriften und Wiegendrucken illustrierten die Bilder die Worte, ihre Geschichten ergänzten sich. Später trennten sich Bild und Wort. Die Zeichnungen und Gemälde der Maler und die Sprache der Chronisten erschufen eigene Geschichten. Sie arbeiteten mit ihren Mitteln und auf ihre Weise und gewannen so ihre eigene Perspektive, ihre eigene Wahrheit.

Ein Medium wie der Rundfunk kehrte in seinen Funktexten zu den Urformen des Erzählens zurück, zu den Sprachbildern der frühen Erzähler im Bazar oder auf der Agora, die Sprache evozierte Bilder im Kopf der Zuhörenden. Die Märchen und Mythen und Sagen fanden eine neue Form, ein breiteres Publikum, das intensiver zuhören musste, da es den Erzähler nicht mehr sah, nur noch Stimmen vernahm. Das Medium Film fügte die getrennten Bilder und Worte wieder zusammen zu einer neuen Bildsprache, die ihre eigene Welt erschuf, aus der neuen Form des Drehbuchs, das die Bilder und Worte als eine Komposition erschuf, ein Kaleidoskop der Gleichzeitigkeit und des Nacheinanders in einer durchgehenden Bewegung.

Die folgenden Texte sind der Versuch eines Autors, von den Sprachbildern und der Bildsprache ausgehend, eigene Erzählformen für das jeweilige Medium zu finden, dabei das Medium reflektierend und immer mit einbeziehend. Deshalb auch das Nacheinander der sonst getrennt präsentierten Hörspiele und Fernsehspiele. Sie sind formal eng verbunden, Überschneidungen und Verbindungen sind beabsichtigt. Was erzählt ein Bild? Was erzählt ein Wort? Wie entstehen die Geschichten in den Medien? Natürlich sind es am Ende virtuelle Produkte: Licht, Kameras, Mikrophone, Mischpulte, Schneidetische, Tonstudios, Filmateliers, schalltote Räume, Blenden, Schnitte, Fahrten kommen hinzu. Trotzdem: Es war der Versuch, die Sprache auch in den Medien wieder zum Maßstab zu machen in einer Welt gedankenloser Worte und bewusstloser Bilder.

Das Hörspiel *Die Wand* wurde zuerst 1965 vom Westdeutschen Rundfunk gesendet. Regie hatte Friedhelm Ortmann, die Hauptrolle sprach Helmut Griem.

Ein monologisches Erzählen: Die Stimme eines jungen Mannes, der das Vordringen einer technisierten Welt beschreibt, die den Einzelnen immer mehr einengt und ihn nur noch in seiner Funktion nimmt. Gezeigt wird der Alltag eines jungen Mannes in einer Umwelt, die technisch bereits so perfektioniert ist, dass ein Gespräch zwischen Menschen nicht mehr zustande kommt. Diese sterile und fehlerlose Apparatur, die nur noch auf einen Knopfdruck reagiert, die Sprache unnötig macht – oder zumindest auf Formeln reduziert –, wird sich weiter ausdehnen. Werden wir uns von ihr einengen und erdrücken lassen? Werden wir – zur Vergewisserung unseres eigenen Ichs – Sprache als Gegenwehr benutzen?

Professor Alphons Silbermann schrieb in der Neuen Zürcher Zeitung: »Hier wird mit einer Härte sondergleichen demonstriert, wie einsam der Mensch sein kann, wie verloren und hilflos trotz all der Errungenschaften, die uns das Zeitalter der fortgeschrittenen Industriegesellschaft beschert hat.«

*Dieter Forte*

# Die Wand

*Ein Hörspiel*

***Akustik eines langen Flurs***

*Schritte, die sehr langsam einen Flur entlanggehen / Die Stimme eines jungen Mannes summt leise einen Schlager*
*Die Schritte bleiben stehen / Ein Schlüsselbund klirrt / Eine Tür wird aufgeschlossen*

***Akustik einer Wohnung***

*Die Schritte gehen in eine Wohnung / Die Tür fällt zu*
*Der junge Mann summt noch ein paar Melodiefetzen und stellt dabei einige Konservenbüchsen hart auf einen Tisch*

JUNGER MANN Soll's mal etwas Gutes sein, nimm die Marke Ernofein. – Naja denn. Wird 'n netter Fraß werden.
*Geräusch eines Büchsenöffners / Die Dose schlägt um*
Verdammt nochmal. Alles hamse für ihre Feinkostfreunde, aber dass se mal gescheite Büchsenöffner erfinden. Mist, elender. – Erst mal einen trinken.
*Eine Kühlschranktür wird geöffnet und klappt wieder zu / Eine Flasche wird entkorkt / Ein Glas vollgegossen und ausgetrunken*
Ah. Schon besser.
*Schritte / Ein Sessel knarrt / Das Glas wird wieder vollgegossen und ausgetrunken*
Idiotischer Tag heute. –

*Ein Schalter knackt / Pause*

FERNSEHANSAGERIN …wie jeden Mittwochabend die große Fernsehschau.

*Musikfanfare / Beifall*

FERNSEHCONFÉRENCIER … hahaha – ja, meine Damen und Herren, da ist er wieder, der kleine Walter – hahaha – Unterhaltung und Zerstreuung für jeden. Lehnen Sie sich zurück –

*Ein Schalter knackt / Unverständliche Laute und Geräusche dringen aus dem Lautsprecher, wie sie von vielen Firmen für Werbefilme verwendet werden*
*Gong / Ein Mädchenchor singt engelsgleich: Redinon – Redinon – Redinon*

*Der Schalter knackt / Stille*
JUNGER MANN Möchte bloß wissen, wofür ich den Kasten gekauft habe. Für das Geld Schnaps, da weiß man, was drin ist. – Redinon!
*Er summt wieder ein paar Takte des Schlagers von vorhin, bricht dann plötzlich ab*
Vielleicht in die Stadt gehen. Regnet. Kino oder Kneipe – auch dämlich. Herbert anrufen? Ist auch nicht mehr so wie früher. Muss er erst seine Frau fragen. *Imitiert die Stimme einer Frau.* Also wissen Sie – so mitten in der Woche – wenn Sie natürlich wollen. – *Normale Stimme* Ziege!
*Er summt wieder ein paar Takte des Schlagers / Blättert dabei in einer Illustrierten*
Soraja – Erdbeben – Soraja – Alles für den Hund – Soraja.

*Die Illustrierte klappt zu / Eine Taste knackt / Pause*

FERNSEHCONFÉRENCIER … und als der kleine Walter dann endlich zum Bahnhof kommt, da sagt doch der Taxichauffeur –

*Die Taste knackt / Stille / Der junge Mann summt einige Melodiefetzen*

JUNGER MANN Herrgott, ist das ein idiotischer Tag. Ganz und gar idiotisch.

*Knacken einer Taste / Radiomusik ertönt / Laut, hektisch (Rock'n'Roll) Ein Knopf wird gedreht / Die Musik verschwindet / Verschiedene Radiogeräusche*

NACHRICHTENSPRECHER … Sprecher des Auswärtigen Amtes betonte, dass die Bemühungen um eine allgemeine und kontrollierte Abrüstung im Vordergrund –

*Der Knopf wird weitergedreht*

SÄNGERIN *kitschig* … die Rosen von Capri –

*Der Knopf wird weitergedreht / Kühle Jazzmusik / Die Musik bleibt im Hintergrund*

JUNGER MANN War doch alles genau wie sonst. Gar kein Unterschied. Ein Tag wie jeder andere. Kein Ärger. Keine Aufregung. Nichts Unvorhergesehenes. Der übliche Quatsch. Wecker. Aufstehen. Anziehen. Tasse Kaffee. Den Flur lang.

*Musik ausblenden*

***Akustikwechsel: eilige Schritte auf dem Flur***

Ein endloser Schlauch. Schmutziges Himmelblau. Alle drei Meter eine Tür. Insgesamt achtzehn. Himmelblau. Was die sich wohl dabei gedacht haben? Jedes Stockwerk eine andere Farbe. Freundlichkeit. Ordnung. Und ausgerechnet himmelblau. Soll wohl Weite vortäuschen. Weite zwischen achtzehn Türen.

*Die Schritte bleiben stehen*
Der Fahrstuhlknopf.
*Summen des Aufzugs*
Ein rotes Lämpchen. Begrüßung und Anmeldung zum Tag. Für alle hinter diesen dunklen Türen. Alles dreimal verriegelt. Türschloss, Sicherheitsschloss, Sicherheitskette. Dazu noch ein Spion. Sicherheit. Dabei leben sie in aufeinandergestapelten Schubladen. Naja, Einbildung ist alles. Nichts Komischeres als so 'n Hochhaus von außen. Emsige Bienen in ihren Waben. Und jeder meint, er wär was Besonderes.
*Der Aufzug steht*
Der Aufzug – blassgelb und ewig neidisch auf vorüberziehendes Himmelblau und Abendrot und Wiesengrün.
*Die Aufzugtür fällt zu / Summen des Aufzugs*
Neun – acht – sieben – vorgetäuschte Weite – verschmierter Sonnenuntergang – abgebröckelte Sommerwiese. Tragkraft: 300 Kilogramm oder vier Personen. Verordnung vom 8. September 1926. Es ist verboten, Personen in Aufzügen zu befördern, bei denen das Mitfahren von Personen verboten ist.
*Der Aufzug hält*
Erdgeschoss. Der Hausmeister, mürrisch.

***Akustikwechsel: Straßengeräusche***

Die Straße. Hastende Gestalten, zugeknöpfte Mäntel, bespritzte Hosenbeine. Bei Rot auf Grün warten. Steh – geh. Auf Abbieger achten. Weiter. Litfaßsäule wird beklebt. Nochmal Rot – Grün. Na, wie lange denn noch? Endlich. Himmel ist grau. Wird gleich wieder regnen. Himmelblau haben nur noch die Maler. Windige Ecke hier. Früher stand hier die Blumenfrau. Lohnt wohl nicht mehr. Und noch früher dieser alte Mann. Windräder, Holzpuppen, Rasseln, bunte Stofftiere. Alles an einer langen Holzstange. Luftballons auch. Stand immer hier. Auch wenn's regnete. Hab nie ge-

Quadrat C hat ein Dreieck. Na, nun komm. Mach keinen Ärger. Sei schön brav. Na also. Vierzehn nach acht. Was es wohl heute wieder gibt? Auch so ’n Rummel, diese Kantine.
*Elektronische Geräusche ausblenden*

***Akustikwechsel: Kantine***

Immer dieselbe weißbekittelte Schlange. Einreihen. Das Tablett. Die Bestecke. Das kleine Fließband, Ford selig. Erstes Fach: Klappe auf, ein Schälchen Kartoffeln, Klappe zu.
*Das Schlagen der Klappen*
Klappe auf, Gemüse, Klappe zu. Fleisch und Soße. Nachtisch. Plastikbecher, Abfüllstutzen, rotes Licht, Milch spritzt, fertig. Fehlt nur noch, dass sie dem Kasten die Form einer Kuh geben. Wohin jetzt? An der Wand ist noch Platz. Ein fröhlich lackierter Hocker vor einem fröhlich lackierten Brett. Erst mal die Schälchen sortieren. Kunstvoll getrennter Eintopf. Warum die das nicht gleich in einen Topf schütten? Neues Plakat. Unfallverhütung. Das Blut fließt fast in die Soße. Links ein weißer Ellenbogen, rechts ein weißer Ellenbogen. Das ganze Brett entlang offene Münder. Das Essen? Wie immer. Nie so gut, dass man es loben könnte, und nie so schlecht, dass es zum Meckern reicht. Auf diese Weise schweigt alles. Man sollte ihnen den Fraß auf ihre weißen Kittel kippen. Aber die würden nichts sagen. Die sagen nie was. Im Rahmen des allgemeinen Betriebsklimas würden sie einen aus großen Augen ansehen und milde lächeln.
*Kantinengeräusche ausblenden*

***Elektronische Geräusche wieder einblenden***

Nee danke, dann schon lieber Quadrate, Kreise, Dreiecke. Man kann sich mit einem Quadrat anfreunden, bei dem es nicht so klappt. Kann Mitleid mit ihm haben. Kann ’ne Wette abschließen.

Man kann auch ein bisschen Störung spielen und einen Knopf falsch herumdrehen. Aber das hat nicht viel Sinn. Die Wand passt auf. Auch auf mich. Automatische Steuerung. Sowieso Mumpitz, dass ich davorsitze. Die Wand kann das alleine viel besser. Würd mich nicht wundern, wenn die eines Tages 'ne Verordnung herausgeben, dass vor jeder Maschine ein Mensch sitzen muss. Weißbekittelt. Als Verzierung. Erst wenn etwas nicht funktioniert, kommt einer und fragt, was los ist. Danach erkundigt man sich. So 'n Apparat ist ja schließlich was Wertvolles. Da muss man sich drum kümmern. Aber leider geht sie nicht kaputt. Ich hab's wenigstens noch nicht erlebt. Einmal funktionierte ein rotes Lämpchen nicht, aber es rief bloß einer von irgendwoher an und sagte, es sei schon wieder in Ordnung. Ich sagte: schön und fragte: wie's ihm denn so ging. Er war so verdattert, dass er zurückfragte: er wäre doch mit der Steuerzentrale verbunden? Aber sicher, sagte ich. Lange Pause, dann hängte er ein. Na ja. Besser, man hält sich an seine Dreiecke und lässt sie springen. Dreht eine Säule hoch, lässt eine Nadel tanzen, rote Lämpchen leuchten.
*Die elektronischen Geräusche werden lauter und immer lauter und gehen über in das Geräusch der Türklingel, die lange und anhaltend schellt*

***Akustikwechsel: Zimmer***

*Im Hintergrund wieder die Radiomusik*

Das ist bei mir. Da will einer zu mir.
*Er steht auf / Schritte / Die Tür wird geöffnet / Stille*
Keiner. Aufzug fährt auch nicht. Irgend so 'n Idiot, der sich für witzig hält.

*Die Tür wird geschlossen / Schritte / Er setzt sich wieder / Gießt das Glas voll und trinkt es aus / Pause / Ein Telefonhörer wird abgehoben / Amtszeichen / Geräusch der Nummernscheibe / Freizeichen*

TELEFONISTIN Auskunft.

JUNGER MANN Tag Mädchen. Pass mal auf. Ich hab 'ne Frage.

TELEFONISTIN Ja bitte.

JUNGER MANN Eine steigende Säule plus eine fallende Nadel geteilt durch drei rote Lampen mal ein Dreieck hoch 184. Was kommt da raus?

TELEFONISTIN Bestenfalls ein Irrer.

JUNGER MANN Nein Mädchen. Ich werd's dir sagen. Ein Quadrat.

TELEFONISTIN Vielleicht haben Sie auch eine vernünftige Frage? Sonst hänge ich ein.

JUNGER MANN Das war eine vernünftige Frage.

TELEFONISTIN Weshalb rufen Sie an?

JUNGER MANN Weshalb? Vielleicht will ich mich nur etwas unterhalten, 'n bisschen was reden.

TELEFONISTIN Mit wem möchten Sie sprechen?

JUNGER MANN Mit 'nem Menschen, wenn's geht.

TELEFONISTIN Das tun Sie doch die ganze Zeit.

JUNGER MANN Irrtum. Ich spreche mit Membranen, Kabeln, Relais, Verstärkern, Isolatoren –

TELEFONISTIN Das geht nun mal nicht anders.

JUNGER MANN Scheint mir auch so. Immer ist was dazwischen. Kabel, Zeitungspapier, Lautsprecher, Braunsche Röhren, rote Lämpchen – leuchtet da auch ein rotes Lämpchen auf, wenn ich anrufe?

TELEFONISTIN Natürlich.

JUNGER MANN Dacht ich mir's doch. Bevor unsereiner den Mund auftut, sind sie schon da: Achtung, da will einer was.

TELEFONISTIN Wenn ich noch was für Sie tun kann –

JUNGER MANN Da warten wohl schon andere rote Lämpchen?

TELEFONISTIN Ganz recht.

JUNGER MANN Dann will ich nicht weiter stören.

TELEFONISTIN Wiedersehn.

*Der Telefonhörer wird aufgelegt / Pause / Die Radiomusik ist beendet / Stattdessen verliest ein Sprecher auf Englisch Nachrichten*

JUNGER MANN Pulle ist auch leer. Da muss doch noch eine –
*Er steht auf / Schritte / Der Eisschrank wird geöffnet*
Naja – dann ist der Abend ja gerettet.
*Die Eisschranktür knallt zu*
Nichts Besonderes – aber immerhin.

*Ein Korken knallt / Schritte / Der Radioknopf wird weitergedreht / Radiogeräusche*

SÄNGERIN *wie vorhin* Die Rosen von Capri –

*Der Radioknopf wird weitergedreht*

JUNGER MANN Scheint wohl im Moment Nummer eins zu sein.

MINISTER Also wissen Sie, mit den Einfuhrzöllen ist das ja immer so eine Sache, man kann –

*Ein Schalter knackt / Das Radio verstummt / Ein anderer Schalter knackt / Ein Glas wird vollgegossen und ausgetrunken*

FERNSEHCONFÉRENCIER ...und nun verschwindet der kleine Walter, und es kommt – Elina!

*Kurzer Musikauftakt*

SÄNGERIN *wie vorher* Die Rosen von Capri –

*Ein Schalter knackt / Stille*

JUNGER MANN *grölt nachäffend* Die Rosen von Capri – Wie in der Automatenstraße. Aber da steht wenigstens dran, dass es Automaten sind.

***Akustikwechsel: Man hört im Hintergrund die Geräusche der Automatenklappen und das monotone: Besten Dank, beehren Sie mich bald wieder***

Einen hab ich Emil getauft, da wo das Obst drin ist. Und den mit der schmutzigen Wäsche Anna. Emil kannte ich, der fuhr immer mit so 'ner Karre rum. Früher. Als es noch keine Automaten gab. 'ne richtige lange Straße. Schwarze eckige Kästen mit aufgerissenen Mündern aus Glas, die sich dauernd auskotzen. Dezente Schlitze fürs Geld. Muss ja auch sein. Aber sind schmal gehalten. Fast wie in Kana. Ewig wunderbare Verwandlung von Geld in Ware. Herr, wir danken dir für unser täglich Brot – Amen. Und es hört nie auf. Praktisch, schnell, hygienisch. Ach, was sage ich. Noch praktischer, noch schneller, noch hygienischer. Rote Lampen dienern. Es klappert, dreht, rollt und funktioniert. Nur manchmal klemmt ein Kasten, oder das Geld rollt zurück. Die ewig wunderbare Verwandlung hat den Schluckauf bekommen. Rote Lampen zittern um ihre Posten, assistiert von gelben und grünen Untertanen, die fortwährend um Hilfe blinken. Das Wunder ist gestört. Aber es behebt sich schnell. Automatisch. Und funktioniert. Höchstes Lob einer Automatenseele: Es funktioniert. Geld in den Schlitz *Geräusch* Klappe auf *Geräusch* Klappe zu *Geräusch.*

AUTOMAT Besten Dank, beehren Sie mich bald wieder.
JUNGER MANN Butter, Äpfel, Blumen, Schnaps. Klappe auf *Geräusch* Klappe zu *Geräusch.*
AUTOMAT Besten Dank, beehren Sie mich bald wieder.
JUNGER MANN Wurst, Brot, Strümpfe, Hemden.
AUTOMAT Besten Dank, beehren Sie mich bald wieder.

*Die Geräusche der Klappen und die Stimmen der Automaten schwellen an, werden lauter und lauter, ein schreckliches Getöse, das dann plötzlich abbricht*

JUNGER MANN Aber heute war ich doch – Ich bin zu Fuß gegangen. Keine U-Bahn. Keine Automaten. Zu Fuß. In ein Kaufhaus. Prächtig, so 'n Kaufhaus.

***Akustikwechsel: Kaufhausgeräusche***

Große Glastüren. Öffnen sich von selbst. Selen. Ein kleiner dünner Lichtstrahl wird unterbrochen, eine Selenzelle verwandelt es in Strom, und schon biste drin. Wenn schon keine Automaten, dann Selbstbedienung. Regale, Preise, Ware. Kommt alles aufs Gleiche raus. Und überall Spiegel. Hinter den ganz großen sitzen sie und beobachten einen. Man sollte draufspucken oder einfach reinhauen. Ob die auch die Lautsprecher bedienen? Elendes Gedudel. Irgendein Gemisch von Tönen. Kühe melken sie ja jetzt auch mit Musik. Damit sie mehr hergeben. In freundlich gestrichenen Räumen. Damit sie noch mehr hergeben. Da lob ich mir doch die Automaten. Müsste sich doch eigentlich ausbauen lassen. So vier, fünf Fragen könnten die doch stellen: Wie geht's? Mieses Wetter heut. Schon Urlaub gehabt? So 'n paar Fragen. Für 'nen abendlichen Plausch. Ab und zu wechselt man die Platte. Einmal im Monat würde genügen. Wär immer noch intelligenter als diese Selbstbedienung. Achtung. Kasse. Da werden sie ja wohl den Mund aufmachen. Für Geld machen sie den Mund auf. Da müssen sie ja was sagen. Die Büchsen aufs Fließband. Ein weißer Kittel hämmert auf Tasten. Die Büchsen laufen voraus. Klingelzeichen. Rotes Schild: Sechsachtzig. Zehnmarkschein aufs Tablett. Klingelzeichen. Kleingeld scheppert in einen Kasten, Quittung schwebt hinterdrein. Weißer Kittel hat alles eingepackt. Kleingeld. Tüte. Selen. Tür. Aus.

***Akustikwechsel: Wohnung***

*Telefonhörer wird abgenommen / Amtszeichen / Eine Nummer wird gewählt / Freizeichen*

TELEFONISTIN Auskunft.

JUNGER MANN Hier spricht das rote Lämpchen.

TELEFONISTIN Was wollen Sie eigentlich? Wenn Sie Kummer haben, da gibt's doch so 'ne Nummer – Seelsorge oder so was. Soll ich Sie Ihnen geben?

JUNGER MANN Per Telefon? Nee danke. Die lassen doch bloß 'n Tonband laufen. Da besprech ich mich schon lieber selber.

TELEFONISTIN Oder gehen Sie spazieren. Da kommen Sie auf andere Gedanken. Moment. Ich hab hier ein Gespräch.

***Akustikwechsel: Straßengeräusche***

JUNGER MANN Spazieren? War ich schon. Immer den Bürgersteig entlang. In Reih und Glied. Eine Kolonne an der Fahrbahn. Blech auf Gummi rast vorbei und macht sich wichtig. Die andere Kolonne an Glas, Marmor und Preisschildern vorbei, der ewigen Ausstellung des wahren Lebens, und über allem süßer bunter Neonschein. Brillen, Hüte, Aktentaschen. Links, rechts, links, rechts. Ausscheren ist nicht. Vielleicht in den Gegenstrom – einfach anrempeln. Entschuldigung – Verzeihung – oh, pardon – Sehn sich gar nicht um, drücken einen in die Reihe zurück. Gleichschritt marsch. Mal einen um Feuer bitten? Gestatten, darf ich mal Feuer – Blödes Wetter heut, was? – *Ruft nach* Schönen Dank auch. Schaut weg. Was der 'ne Angst hatte. Haben alle Angst. Ob die überhaupt noch reden können? Rot. Das verstehen sie noch. Da stehen sie unbeweglich und starren. Keiner rührt sich.

*Straßenlärm ausblenden*

Wenn ich noch mal zur Welt komme, dann nur als rotes Lämpchen, da weiß jeder direkt, wer ich bin und was ich bedeute.

TELEFONISTIN *schwach* Hallo! Was ist denn mit Ihnen? Sind Sie noch da?

JUNGER MANN Scheint so.

TELEFONISTIN Sie haben vergessen, den Hörer aufzulegen.

JUNGER MANN Hab wohl 'n bisschen zu viel getrunken.

TELEFONISTIN Dann hängen Sie jetzt ein, und gehen Sie ins Bett.

JUNGER MANN Was haben wir heute? Dienstag?

TELEFONISTIN Nein Mittwoch. Aber nur noch ein paar Minuten.

JUNGER MANN Dann war gestern Dienstag.

TELEFONISTIN Ganz recht. Und morgen ist Donnerstag

JUNGER MANN Warum sagt man nicht einfach Tag? Sind ja doch alle gleich.

TELEFONISTIN Und Samstag und Sonntag?

JUNGER MANN Was ist da anders?

TELEFONISTIN Na ja, man hat frei –

JUNGER MANN Sonst noch was?

TELEFONISTIN Sie können machen, was Sie wollen.

JUNGER MANN Was?

TELEFONISTIN Sie können ins Kino gehen –

JUNGER MANN Ja. Da sind viele Menschen, und doch sieht man keinen, und auf der Leinwand ist was, was sich Mensch nennt, ich glaub's aber nicht.

TELEFONISTIN Gehen Sie spazieren oder so.

JUNGER MANN *mehr zu sich* Manchmal geh ich in den Park, da gibt es alte Leute und Kinder, die sprechen noch. Aber eigentlich brabbeln die auch nur vor sich hin.

TELEFONISTIN Ich hab jetzt Feierabend. Punkt zwölf.

JUNGER MANN Na, dann schauen Sie mal auf Ihren Tisch. Wenn ich jetzt auflege, geht dort ein rotes Lämpchen aus, und das heißt, ich bin nicht mehr da.

*Telefonhörer wird aufgelegt / Ein Glas wird vollgegossen und ausgetrunken*

JUNGER MANN *grölt laut* Die Rosen von Capri. Die Rosen – *Nebenan klopft man an die Wand* Ja, ist ja schon gut. – Klopfen nur. Kommt keiner und beschwert sich und regt sich auf über diese Unverschämtheit – so, wie es sich gehört. Klopfen nur. – Kein Mensch ist mehr korrekt. Wer wohnt 'n da überhaupt? Nie gesehen. Müsste man mal kennenlernen. Vielleicht 'n junges Mädchen? Aber wie? Die Sicherung könnte kaputtgehen, könnte sie doch. Oder der Strom könnte ausfallen. Dann würde man zum Nachbarn gehen und anklopfen und fragen: haben Sie eine Kerze, und er würde sagen: Momentchen, ich such selbst grad eine, und vielleicht würde er auch sagen: haben Sie Streichhölzer, ich kann meine nicht finden, und ich würde sagen: sofort, ich hol sie, und hinterher würde das Kerzenlicht flackern, und wir würden lachen und dabei auf den Hausmeister schimpfen, und jeder würde sich bei dem anderen bedanken und in seine vier Wände mit Decke und Fußboden gehen. – Aber die Sicherung geht nicht kaputt. Sie tut's nicht. Keine Kasse blockiert. Keine Schaltwand geht kaputt. Das nennen sie nun Fortschritt.

*Der Telefonhörer wird abgenommen / Amtszeichen / Eine Nummer wird gewählt*

ZEITANSAGE Null Uhr vier – Null Uhr vier – Null Uhr vier *bleibt immer im Hintergrund* – Null Uhr fünf – Null Uhr fünf – Null Uhr fünf –

JUNGER MANN Na ja, ist der Tag halt vorbei. – Und für den neuen ist ja noch alles drin.

ZEITANSAGE Null Uhr sechs – Null Uhr sechs – Null Uhr sechs – Null Uhr sechs – Null Uhr sechs – Null Uhr sechs –

*Langsam ausblenden*

*Ende*

Die monologischen Sprachbilder des Hörspiels *Die Wand,* die ortlosen Stimmen, verwandeln sich in dem Fernsehspiel *Sonntag* in die monologische Bildsprache einer Kamera, die einen Ort und seine fast sprachlosen Menschen zeigt.

*Sonntag* spielt in einer Satellitenstadt, wie sie heute am Rand der Großstädte gebaut werden. Hier lebt vorwiegend der gehobene Mittelstand in einer geplanten Idylle von gespenstischer Eintönigkeit und Einsamkeit.

Worauf es mir ankam: nicht eine der üblichen dialogisierten Handlungsschemata abzuspulen, sondern eine strenge, genaue Form zu schaffen, die durch sich selbst schon Einblicke und Erkenntnisse vermittelt. Die unbedingte Schönheit und Farbigkeit der Bilder, das Hochglanzkaschierte, ist kein ästhetischer Selbstzweck, sondern Kenntlichmachung einer durch die Bilder der Massenmedien, wie Kino, Werbefernsehen, Zeitschriften, Prospekte, Warenhauskataloge usw. hergestellten und damit verkaufbar gemachten Scheinwelt.

Es geht um das Spiegelbild einer vorgeplanten, programmierten ›heilen Welt‹, ein Bild, das zersplittert unter der Aggressivität und Kommunikationslosigkeit, die diese Welt erzeugt. Es geht um die Ideologie einer vorgeblich sozialen, friedlichen Familienidylle, deren Unmenschlichkeit an der dünnsten Stelle, bei den Kindern, aufbricht, und in Zerstörung umschlägt.

Eine Produktion des Südwestfunks in der genauen Personenregie des Theaterregisseurs Niels-Peter Rudolph und der hier schon genuinen Kameraführung von Michael Ballhaus in ihren langen, fast grausam schmerzlichen Fahrten.

Brigitte Knott schrieb in der FUNK-Korrespodenz: »Der Film ist eine Satire über bürgerliche Lebensformen, ein ›klassischer‹ Stoff der kritischen Literatur also, der aktualisiert, gleichsam auf den neuesten Stand gebracht wird durch die Wahl des Schauplatzes. Die Rolle des Erzählers übernimmt die Kamera, die Sprache ist unwesentlich, die Geräuschkulisse gerade intensiv genug, um den Zuschauer bei (oft) eintönigen Bildszenen eine Abwechslung zu bieten, um seine Phantasie anzuregen und seine Aufmerksamkeit zu erhalten. Wesentliches Merkmal der dargestellten Welt ist ihr synthetischer Charakter; kein Baum steht, der nicht vom Architekten eingeplant wurde. So wie diese synthetische Architektenlandschaft als tote Welt erscheint, erscheinen auch die Lebensformen als synthetisch und in der Folge die Menschen, die hier leben, kontaktarm und latent aggressiv. Künstlerischer Kommunikationsersatz sind die diversen Freitzeitbeschäftigungen, die vor allem den Familienvätern als Alibi dienen, das ihnen das Eingeständnis erspart, wie sehr sie ihrer Familie entfremdet sind.«

Die Stuttgarter Zeitung schrieb: »Die Diskretion des merkwürdig in sich selbst kreisenden Bilderverschnitts, der optische Umgang mit der Zeit hinterlässt einen starken, nachhaltigen Eindruck.«

# Sonntag
*Ein Fernsehspiel*

WILHELM POSSBERG hat am Hauptplatz der Siedlung ein Rundfunk- und Fernsehgeschäft. Er besitzt ein Reihenhaus mit einem Garten.

FRAU POSSBERG Geschäftsfrau. Tochter Gerda ist 10 bis 12 Jahre alt.

WERNER GLINKA kaufmännischer Angestellter in einem großen Industriewerk, wohnt in einem Mietshaus in einer 4-Zimmer-Wohnung.

FRAU GLINKA Hausfrau. Die beiden Söhne Rolf und Heinz sind ca. 10 bis 12 Jahre alt. Ein Säugling, ½ Jahr alt.

HANS KEMP Prokurist einer Großbank, besitzt einen Bungalow mit Atrium.

FRAU KEMP früher Mannequin. Sohn Martin ist ca. 10 bis 12 Jahre alt.

## *1 HAUPTPLATZ*

Sonntagmorgen, Sonnenschein. Ruhe.
Die Kamera fährt langsam über den Hauptplatz, eine Fußgängerzone mit Bänken. In der Mitte des Platzes das Kaufhaus. An den Seiten kleinere Läden. Ein Radio- und Fernsehgeschäft, eine Buchhandlung, ein Selbstbedienungsmarkt für Lebensmittel mit Kolonnen von Einkaufswagen, ein Do-it-yourself-Geschäft, eine Wäscherei, ein Feinkostgeschäft, Bankfilialen, eine Gaststätte usw.
Während der Fahrt wird der Titel eingeblendet.
SONNTAG
Die Kamera zeigt den menschenleeren Platz. Die Läden sind geschlossen.

Glockengeläut

## *2 KIRCHTURM*

Groß: Die Lautsprecher im Kirchturm.

Ohrenbetäubendes Glockengeläut

## *3 SIEDLUNG*

Die Kamera fährt langsam und endlos durch menschenleere Straßen. Rasenflächen, Hecken, Gartenzäune, Blumen, Einfamilienhäuser, Rasen, Reihenhäuser, Rasen, Bungalows, Rasen, Mietshäuser, Rasen, in der Ferne ein Hochhaus.

Glockengeläut

## *4 POSSBERG/GARTEN*

Schnitt auf das Gesicht von Possberg. Die Kamera zieht langsam auf bis zur Halbtotalen. Familie Possberg sitzt im Garten vor ihrem Reihenhaus und frühstückt in der Sonne. Eine Hollywoodschaukel, Gartengrill, Gartenzwerge, ein winziger Springbrunnen, Blumen, Hecken, ein grüner Rasen. Alles unwahrscheinlich bunt, schön und idyllisch. Alles

Glockengeläut

sauber und perfekt. Das Reihenhaus hübsch verklinkert. Die Hollywoodschaukel so pompös wie möglich. Der Rasen so grün wie möglich. Die Blumen so bunt wie möglich.
Gerda spielt mit einem Schäferhund. Frau Possberg gießt ihrem Mann Kaffee ein. Possberg lehnt sich zufrieden in seine Hollywoodschaukel zurück und verschränkt die Hände hinter dem Kopf.

POSSBERG Schöner Tag.

## *5. KEMP/SCHLAFZIMMER*

Kemp sitzt im Schlafanzug auf seinem Standfahrrad und trampelt wie ein Besessener vor sich hin. Die Kamera zeigt ihn lange, schwenkt dann auf Frau Kemp, die noch im Bett liegt. Sie raucht ausdruckslos und beobachtet ihren Mann. Die Kamera fährt auf ihr Gesicht. Sie zieht an der Zigarette.

Glockengeläut/Geräusch des Fahrrades

### *6 GLINKA/BALKON*

| | |
|---|---|
| Glinka kommt im Hemd und mit offenem Schlips auf den Balkon im dritten Stock eines Mietshauses und stellt einige leere Bierflaschen in einen Bierkasten. Dann bindet er sich den Schlips und schaut dabei über die Balkonbrüstung. | Glockengeläut<br><br>Die Glocken verstummen |

### *7 POSSBERG/GARTEN*

| | |
|---|---|
| Possberg schaukelt in seiner Hollywoodschaukel, | die rhythmisch quietscht. |
| Er schaut in Richtung Glinka. | POSSBERG *off* Glotzt er wieder – Affe. |
| Er grüßt betont freundlich und winkt mit der Hand. | |

### *8 GLINKA/BALKON*

Glinka steht auf seinem Balkon und schaut auf Possberg. Er zündet sich eine Zigarette an.

### *9 KEMP/ATRIUM*

Kemp im Atrium seines Bungalows, ca. 5 x 5 Meter

im Quadrat, übermannshohe, weißgekalkte Wände, eine Glasscheibe zum Livingroom, in der Mitte ein besseres Planschbecken – er nennt es Swimmingpool. Ein privater, intimer Gefängnishof. Kemp springt mit einem Seil. Martin sitzt am Rand des Swimmingpools und schaut zu.

KEMP Joghurt und ein Glas Orangensaft.

### *10 POSSBERG/GARTEN*

Possberg schaut sich in seinem Garten um. Der Schäferhund folgt ihm.

POSSBERG *off* Sonntag ist's, die Hände ruhn, Sonntag ist's, was soll man tun.

### *11 KEMP/ATRIUM*

Herr und Frau Kemp frühstücken. Kemp liest in der Zeitung. Martin hüpft auf einem Sprungball herum. Er schlägt mit der Zeitung nach seinem Sohn.

KEMP *off* Dow Jones 892, ANP 122, Financial Times 386, Il-Sole 52, Industrial Average 179.
*On* Setz dich hin.

*12 POSSBERG/GARTEN*

| | |
|---|---|
| Possberg mäht mit einem Motorrasenmäher seinen Rasen. | Geräusch des Rasenmähers |

*13 GLINKA/BALKON*

| | |
|---|---|
| Glinka schaut vom Balkon aus zu. Er raucht. | Geräusch des Rasenmähers |

*14 KEMP/ATRIUM*

| | |
|---|---|
| Kemp geht in seinem Atrium hin und her, immer im Viereck, exakt an den Wänden entlang. | Geräusch des Rasenmähers |

*15 ZEITLUPE/SCHWARZWEISS **kurz***

| | |
|---|---|
| Groß: Der Kopf von Rolf Glinka. Er bekommt mit einem Eisenstab einen Schlag über den Kopf. | ohne Ton |

*16 POSSBERG/GARTEN*

| | |
|---|---|
| Possberg mäht verbissen mit seinem Rasenmäher. Er schaut verstohlen zu Glinka hinauf. Er lächelt gequält. Er schwitzt. | Geräusch des Rasenmähers |

*17 GLINKA/BALKON*

| | |
|---|---|
| Glinka schaut ohne eine Miene zu verziehen auf Possberg. | Geräusch des Rasenmähers |

*18 KEMP/ATRIUM*

| | |
|---|---|
| Kamera von oben: Kemp in seinem Steinquadrat, die Ecken ausgehend, von Wand zu Wand. | Geräusch des Rasenmähers |

*19 POSSBERG/GARTEN*

| | |
|---|---|
| Kamera von oben: Possberg mit seinem Rasenmäher auf seinem Grundstück. | Geräusch des Rasenmähers |

*20 GLINKA/BALKON*

| | |
|---|---|
| Die Kamera zeigt groß sein Gesicht. Er richtet sich auf, wirft die Zigarettenkippe über den Balkon und geht in sein Wohnzimmer. | Geräusch des Rasenmähers |

### *21 SIEDLUNG*

| | |
|---|---|
| Langsame und endlose Fahrt durch die Siedlung. Häuser, Rasen, Häuser, Hecken, Häuser, Straßen. Kein Mensch. Ein Streifenwagen der Polizei fährt gemächlich durch die leeren Straßen. | Leise Beatmusik |

### *22 BOLZPLATZ*

| | |
|---|---|
| Schnitt auf ein Kofferradio. Die Kamera zieht auf. Auf einem von einem hohen Gitter umgebenen Bolzplatz spielen einige Rocker mit einem Fußball. Die Kamera zeigt den Käfig, der aussieht wie ein Affenkäfig in einem Zoo, und die darin herumtobenden Rocker. | Laute Beatmusik |

### *23 KEMP/ATRIUM*

| | |
|---|---|
| Ein Fußball fliegt in den Hof. Er tanzt von Wand zu Wand, springt noch einmal auf, bleibt dann liegen. Kemp tritt wütend vor den Ball, der auf den Kaffeetisch fliegt. Tassen und Kaffeekanne fallen herunter – Scherben. Das Gesicht Kemps. | Das Geräusch des springenden Fußballs |

### *24 GLINKA/WOHNZIMMER*

| | |
|---|---|
| Glinka sitzt mit einer Flasche Bier vor dem Fernsehapparat. Sonntagskonzert im ZDF. Glinka gießt sein Glas voll und trinkt. Frau Glinka schaut durch die Tür herein. Sie trocknet dabei einen Teller ab. Rolf und Heinz spielen auf dem Boden mit einem Panzer. Der Säugling im Kinderwagen schreit. | Eine Operettenmelodie<br>Geschrei des Säuglings |

### *25 POSSBERG/LADEN*

| | |
|---|---|
| Possberg in seinem mit Fernsehern vollgestopften Rundfunk- und Fernsehgeschäft, das am Hauptplatz liegt. | |
| Aus einem Radio | Werner Höfers Frühschoppen. |
| Possberg sitzt hinter dem Ladentisch und sortiert Papiere. Einige Rocker schauen durch die Scheiben auf Possberg und seine Fernsehapparate. Possberg beobachtet sie. Sie lachen und beschmieren seine Schaufensterscheibe. Er steht auf, drückt auf die Kasse, die Schublade springt auf, ein Revolver liegt darin. | |

### *26 ZEITLUPE/SCHWARZWEISS kurz*

| | |
|---|---|
| Nah: Der Kopf von Rolf Glinka. Er bekommt mit einem Eisenstab einen Schlag über den Kopf. Er stürzt. Der Kopf schlägt hart auf. | Ohne Ton |

### *27 GLINKA/WOHNZIMMER*

| | |
|---|---|
| Der Fernseher läuft. Glinka steht vor einem Aquarium und füttert die Fische. Die Kamera fährt auf das Aquarium. Dahinter erkennt man verschwommen die Gesichter von Rolf und Heinz. | Eine Operettenmelodie |

### *28 KEMP/ATRIUM*

| | |
|---|---|
| Kemp übt mit einem Expander. Martin schaut zu. | Er schnauft. |

### *29 POSSBERG/WOHNZIMMER*

| | |
|---|---|
| Gerda deckt den Mittagstisch. Possberg geht herum, die Hände in den Hosentaschen und schaut zu. | Er summt ein Lied. |

### *30 GLINKA / WOHNZIMMER*

Glinka, seine Frau und die beiden Jungen sitzen in einem Halbkreis um den Mittagstisch. Im Fernsehen läuft die ›Chronik der Woche‹. Während sie das Essen in den Mund schieben, schauen sie gebannt auf den Fernsehapparat.

Halblaut der Nachrichtensprecher

### *31 KEMP / LIVINGROOM*

Kemp, seine Frau und sein Sohn in der Essecke. Martin schneidet mit seinem Messer eine Kartoffel durch. Kemp beobachtet ihn. Martin schaut ihn an, dann schneidet er wieder eine Kartoffel durch. Kemp beobachtet ihn. Martin zögert einen Moment, dann schneidet er die nächste Kartoffel durch. Kemp gibt ihm eine Ohrfeige.

Im Hintergrund dezente Musik (Corelli)

### *32 SIEDLUNG*

| | |
|---|---|
| Langsame und endlose Fahrt durch die Siedlung. Es ist warm. Die Straßen sind leer. Ein Kinderspielplatz. Sand, ein paar Betonklötze, einige Baumstümpfe, Autoreifen, Klettergerüst. Der Platz ist leer. | Von irgendwoher leise Mittagsmusik |

### *33 ZEITLUPE/SCHWARZWEISS etwas länger*

| | |
|---|---|
| Halbnah: Rolf Glinka hält triumphierend ein Luftgewehr. Er bekommt mit einem Eisenstab einen Schlag über den Kopf. Er stürzt. Der Kopf schlägt hart auf. | Ohne Ton |

### *34 GLINKA/GARAGE*

| | |
|---|---|
| Glinka poliert mit einem Fensterleder verbissen seinen Wagen (ein Mittelklassemodell). Er schaut genau auf die polierte Fläche, haucht den Lack an und poliert weiter. In der Garagentür stehen Rolf und Heinz und schauen zu. | Das Geräusch des Polierens |

*35 POSSBERG/BARKELLER*

Possberg in seinem selbstgebauten Barkeller. Aus einer Ecke holt er eine elektrische Heckenschere. Er rattert damit kurz über die Bar und lacht.

Das Geräusch der Heckenschere

*36 KEMP/ATRIUM*

Kemp steht an einer Wand auf dem Kopf. Frau Kemp blättert gelangweilt in einer Illustrierten. Sie schaut sich das Foto eines nackten Paares an. Ein Bericht über Liebestechnik. Kemp steht immer noch auf dem Kopf.

Das Geräusch des Umblätterns

*37 SIEDLUNG*

Eine Rockerbande braust auf Motorrädern durch die leeren Straßen.

Lautes Motorengeräusch

*38 GLINKA/VOR DER GARAGE*

Glinka setzt sich in seinen Wagen und fährt los.

Lautes Motorengeräusch

### *39 POSSBERG/GARTEN*

| | |
|---|---|
| Possberg schneidet mit der elektrischen Gartenschere seine Hecke. | Geräusch der Gartenschere |
| Glinka braust mit aufheulendem Motor vorbei. Possberg erschrickt, sieht ihm nach und schneidet einen Zacken in die Hecke. Er schaltet das Gerät aus und starrt auf die verschnittene Hecke. | Überlaut das Motorengeräusch |

### *40 KEMP/ATRIUM*

| | |
|---|---|
| Kemp sitzt in einer Badehose an seinem Swimmingpool, plätschert mit den Füßen im Wasser und starrt in den Himmel. Auf seinen Knien liegt eine Wirtschaftszeitschrift. Frau Kemp liegt nackt in einem Liegestuhl und sonnt sich. | Geräusch des Wasserplätscherns |
| Die Zeitschrift fällt ins Wasser. Kemp fischt sie heraus und schlägt sie aus. Seine Frau bekommt einen Spritzer ab. Sie schaut ihn wütend an. | Überlaut das Motorengeräusch |

### 41 *GLINKA IN SEINEM WAGEN*

| | |
|---|---|
| Glinka fährt mit seinem Wagen sehr schnell durch die leeren Straßen. Aus einer Querstraße heraus nehmen ihm die Rocker mit ihren Motorrädern die Vorfahrt. Glinka bremst hart. Sein Wagen steht. Er springt wütend heraus. Die Rocker sind schon hinter einer Biegung verschwunden. Er steigt langsam wieder ein. | Autogeräusch |

### 42 *POSSBERG/GARTEN*

| | |
|---|---|
| Possberg steht, den bellenden und an der Leine zerrenden Schäferhund haltend, in seinem Garten, am Zaun ein alter Mann, der in den Garten schaut. Possberg fixiert ihn. | Hundegebell |

### 43 *KEMP/LIVINGROOM*

| | |
|---|---|
| Kemp sitzt an einem Tisch und rahmt Dias. | Das Knacken der einrastenden Diarahmen |

### *44 GLINKA/FUSSBALLPLATZ*

Glinka in einer Menschenmenge. Er raucht. Er gestikuliert. Ausschnitte vom Spiel. Er schreit.

Das Geräusch der Menge

### *45 FRAU GLINKA/SIEDLUNG*

Frau Glinka geht – sonntäglich herausgeputzt – mit dem Kinderwagen spazieren. Sie geht durch leere Straßen, vorbei an Gärten und Reihenhäusern.

Aus der Ferne das Geräusch vom Fußballplatz

### *46 POSSBERG/DRESSURPLATZ*

Possberg auf dem Hundedressurplatz, zusammen mit anderen Männern und deren Hunden. Die Hunde werden auf Mann dressiert. Possberg gibt Kommandos.

Hundegebell und Kommandos

POSSBERG Fass fass! Fass fass!

### *47 FRAU POSSBERG/GARTEN*

Frau Possberg sitzt in der Hollywoodschaukel und pendelt hin und her. Die Schaukel

quietscht rhythmisch.

### *48 KEMP/LIVINGROOM*

| Bild | Ton |
|---|---|
| Kemp rahmt verbissen seine Dias. Er schwitzt. | Das scharfe Knacken der einrastenden Diarahmen |

### *49 KEMP/ATRIUM*

| Bild | Ton |
|---|---|
| Frau Kemp sonnt sich im Liegestuhl. | Das scharfe Knacken der einrastenden Diarahmen |

### *50 ZEITLUPE/SCHWARZWEISS etwas länger*

| Bild | Ton |
|---|---|
| Halbtotal: Rolf und Heinz Glinka streiten sich um das Luftgewehr, sie ziehen daran, Rolf bleibt Sieger. Martin Kemp schlägt ihm von hinten eine Eisenstange über den Kopf. Rolf stürzt, sein Kopf schlägt hart auf. | Ohne Ton |

### *51 FRAU GLINKA/HAUPTPLATZ*

| Bild | Ton |
|---|---|
| Frau Glinka spaziert mit ihrem Kinderwagen über die Fußgängerzone des Hauptplatzes. Sie bleibt vor Schaufenstern stehen und betrachtet die Auslagen. Auf den Bänken sitzen einige alte Leute. Sie reden nicht miteinander. | Das tosende Geräusch vom Fußballplatz |

### 52 *ROCKER/BAHNDAMM*

| | |
|---|---|
| Die Rocker fahren mit ihren Motorrädern über eine Wiese an einem Bahndamm entlang. Ein Zug kommt. Sie springen ab und werfen Steine auf den vorbeifahrenden Zug. | Geräusch: Motorräder, Fußballplatz |

### 53 *POSSBERG/DRESSURPLATZ*

| | |
|---|---|
| Possberg hetzt seinen Hund. | Geräusche: Fußballplatz, Motorräder, Hundegebell |

### 54 *KEMP/LIVINGROOM*

| | |
|---|---|
| Kemp rahmt Dias. | Geräusche: Fußballplatz, Motorräder, Hundegebell,<br>das Knacken der Diarahmen |

### 55 *GLINKA/FUSSBALLPLATZ*

| | |
|---|---|
| Glinka streitet sich mit einem Zuschauer. | Geräusche: Fußballplatz, Motorräder, Hundegebell,<br>das Knacken der Diarahmen |

### *56 FRAU POSSBERG/GARTEN*

| | |
|---|---|
| Frau Possberg sitzt in der Hollywoodschaukel und pendelt hin und her. Die Schaukel quietscht rhythmisch. | Geräusche: *stark anschwellend* Fußballplatz, Motorräder, Hundegebell, Diarahmen, Hollywoodschaukel |

### *57 KEMP/ATRIUM*

| | |
|---|---|
| Frau Kemp sonnt sich im Liegestuhl. | Geräusche: *stark anschwellend* Fußballplatz, Motorräder, Hundegebell, Diarahmen, Hollywoodschaukel |

### *58 FRAU GLINKA/HAUPTPLATZ*

| | |
|---|---|
| Frau Glinka steht mit ihrem Kinderwagen vor einem Schaufenster. | Geräusche: *stark anschwellend* Fußballplatz, Motorräder, Hundegebell, Diarahmen, Hollywoodschaukel |

### *59 SCHNELLE SCHNITTE*

| | |
|---|---|
| Die leeren Straßen. Sonnige Vorgärten. Idyllische Häuser. Große Fenster, in denen sich der Himmel spiegelt. | Alle Geräusche überlaut |

### *60 ZEITLUPE/SCHWARZWEISS ausgedehnt*

Totale: Rolf und Heinz Glinka streiten sich um das Luftgewehr. Gerda steht neben ihnen und schaut zu. Rolf bleibt Sieger. Martin Kemp schlägt ihm von hinten eine Eisenstange über den Kopf. Rolf stürzt. Sein Kopf schlägt hart auf. Gerda hebt das Gewehr auf und zielt damit in die Kamera.

Ohne Ton

### *61 MODELLRAUM*

Auf der Leihwand läuft ein Film:
Schwenk 360 Grad über die Satellitenstadt.

SPRECHER Die Stadt als Ort gesteigerter Interaktion bildet das funktionelle und räumliche Ordnungsgerüst für Partizipation, Signifikanz, Identifikation, Urbanität. Kommunikation ist als linearer, dynamischer Zusammenhang gedeutet, der sich über und an dem leistungsfähigen Autoverkehrssystem vom Schwerpunkt City-Maschine ausgehend, kontinuierlich bis in die äußeren Wohnbereiche verzweigt. An diesen Schwerpunktlinien entstehen weitgespannte, in freien Winkeln zueinander geführte Figuren, die durch ihre zahlreichen Verzweigungen räumlich-maßstäblich wirken und die niedrige Bebauung gliedernd umfassen. Das Spiel mit verschieden großen, mehr geöffneten oder mehr geschlossenen Räumen ist von großem Reiz. Die konzentrierte Wohnbebauung bildet dynamische Linien, welche einerseits die Funktion der Bereichsgliederung übernehmen und die hauptsächlichen Bewegungstendenzen innerhalb der Siedlung angeben. Fußgänger- und Autoverkehr sind weitgehend getrennt, ohne jedoch die optische Beziehung dazwischen aufzugeben. Die Hauptfußgängerzonen der neuen Siedlung führen zum urbanen Fußgängerbereich der City-Maschine, durch die ein farbiges Leben pulsiert. Die zusammenhängende Funktionszuordnung im Sinne einer nach innen gerichteten Konzentration erfolgt durch neuartige Integration der Inhalte selbst und durch Schaffung neuer Inhalte. Dieser innere Aufbau erfolgt unter dem Gesichtspunkt allgemeinverbindlicher, politischer und sozialer Bestrebungen. Die durch Differenzierung der Arbeitsbereiche, Automation, Arbeitszeitverkürzung freiwerdende menschliche Kraft wird dadurch am sinnvollsten in den Lebenszusammenhang eingegliedert. Leistungsgrad, Gesundheitszustand werden durch vorbeugende, körperliche Ausgleichsbeschäftigung im Dienste der Gesundheit gesteigert. Erhöhte intellektuell-schöpferische Fähigkeiten erfüllen sich im Interesse für Kunst, Kultur und schöpferische Muße. Die Anpassungsfähigkeit des sich emanzipierenden selbstverwirklichenden Menschen erfährt durch die Gesellschaft eine natürliche Einbindung. Die größere Freiheit wird nicht zur Anarchie, da es die Bevölkerung lernt, sich die Bindungen selbst zu setzen.

Die Kamera zieht auf. Vor der Leinwand sitzen einige junge Paare. In der Mitte des Raums ein großes Modell der Siedlung. An der Wand hängen Pläne, Fotos der Siedlung usw.
Ein Beamter erläutert das Modell.

BEAMTER Hier am Modell können Sie es auch sehen. Fertiggestellt ist der Nord-Ost-Teil. 20 000 Einwohner. Hier der Süd-West-Teil. 20 000 Einwohner. Der Ost-Teil ist zur Zeit in der Planung. 20 000 Einwohner. In der Mitte das Einkaufszentrum, Post, Polizei, Kaufhaus, Schule, Kirche, Garagen, Spielplätze, Fernheizwerk, S-Bahn. Eigentlich alles, was Sie brauchen. Hier ist für alles gesorgt.

### *62 SIEDLUNG*

Ein Streifenwagen der Polizei fährt mit Blaulicht und Polizeihorn schnell durch die Straßen.

Polizeihorn

## *63 HAUPTPLATZ*

| | |
|---|---|
| Der Beamte schließt den Modellraum ab. | BEAMTER *zu den Interessenten* Was Besseres kriegen Sie nie. Alles sauber und proper. Hier können Sie von der Straße essen. Nur anständige Familien. Alles Leute mit Einkommen. Da hat die Stadt ein Auge drauf. Nichts Asoziales. Sauberkeit und Ordnung. Die Tauben werden noch vernichtet. |

## *64 GLINKA / WOHNZIMMER*

| | |
|---|---|
| Im Fernsehen läuft – ohne Ton – die Sportschau. Glinka steht vor dem Aquarium und füttert seine Fische. Seine Frau steht an der Tür, den Säugling im Arm und schaut ihn an. | Stille |

## *65 POSSBERG / BARKELLER*

| | |
|---|---|
| Possberg wirft mit kleinen Spießen auf eine Zielscheibe. Seine Frau sitzt hinter der Bar, ein Glas Bier in der Hand. | Stille |

### *66 KEMP/LIVINGROOM*

| | |
|---|---|
| Sie haben Gäste. Ein befreundetes Ehepaar. Gepflegte Gesellschaftskleidung. Kemp führt seine Dias vor, irgendwelche südlichen Strände. Man trinkt Whisky und schaut gelangweilt auf die Diawand. | Stille |

### *67 STRASSE/DÄMMERUNG*

| | |
|---|---|
| Gerda, Heinz und Martin sitzen im Polizeiwagen. Sie schauen durch die Scheiben nach draußen. Sie schießen mit den Fingern. Sie lachen und freuen sich. | KINDERSTIMMEN Päng Päng Päng |

### *68 POSSBERG/LADEN*

| | |
|---|---|
| Alle Fernsehapparate sind eingeschaltet, drei Programme laufen durcheinander, farbig und schwarzweiß. Sportberichte, Show-Girls tanzen, in einem Krimi werden Kinnhaken verteilt. Possberg sitzt vor den Fernsehern. | Ton der Fernsehapparate |

### *69 GLINKA/GARAGE*

| | |
|---|---|
| Glinka sitzt in seinem Wagen in der Garage, er hat die Scheinwerfer an. Aus dem Autoradio Berichte vom Sonntagsverkehr. Glinka hat das Kinn auf seine Hände gelegt, die das Lenkrad halten und starrt auf die geschlossene Garagentür. | Autoradio/Sprecher |

### *70 KEMP/ATRIUM*

| | |
|---|---|
| Kemp sitzt vollkommen betrunken auf dem Rand seines Swimmingpools. Er hat eine leere Flasche Whisky in der Hand und starrt vor sich hin. Hinter der erleuchteten Scheibe zum Livingroom der Schatten seiner Frau. | Aus dem Livingroom Tanzmusik (Sinatra ›Come fly with me‹) |

### *71 STRASSE/ABEND*

| | |
|---|---|
| Der Streifenwagen mit den Kindern fährt ab. Die Kamera zeigt das abfahrende Auto, das immer kleiner wird. | Glockengeläut |

### *72 KIRCHTURM*

| | |
|---|---|
| Groß: Die Lautsprecher im Kirchturm. | Ohrenbetäubendes Glockengeläut |

### *73 STRASSE/ABEND*

| | |
|---|---|
| Die Straßenbeleuchtung wird eingeschaltet. Die Neonlampen flackern an, die Straße entlang, sich immer weiter in der Dunkelheit verlierend.<br>Schwenk auf die Lichter der Siedlung. | Glockengeläut |

*Ende*

Das Hörspiel *Porträt eines Nachmittags* wurde zuerst 1967 von Radio Bremen gesendet. Regie hatte Günter Bommert, beteiligt waren 86 Schauspieler in über hundert Rollen. Ein Stimmenmosaik, das eine innere Handlung kaleidoskopartig widerspiegelt. Das Porträt einer Stadt, das Porträt ihrer Menschen, das Porträt eines Menschen.

Ein Mann geht mit einem Entschluss von zu Hause weg, er verbringt einen Nachmittag in einer Stadt, revidiert allmählich seinen Entschluss und kehrt wieder nach Hause zurück. All dies wird indirekt geschildert. Er selbst tritt mit keinem Wort in Erscheinung. Sein Leben wird durch das Leben anderer gezeigt. Seine Gedanken finden sich in unzähligen Brechungen und Variationen in den Wörtern und Sätzen der Menschen dieser Stadt. Wunsch und Realität, Möglichkeit und Wirklichkeit verwirren und entflechten sich, Motive und Haltungen wechseln, die Handlung liegt nicht fest, verschiedene Abläufe sind denkbar.
Mittelpunkt ist der Hörer. Er muss die Stimmen für sich zusammensetzen, um zu einem Bild zu kommen. Eine offene Dramaturgie, die keine abgeschlossene Handlung liefert, keine Begründungen und Entscheidungen anbietet, die kein Urteil fällt.

»Bemerkenswert wird die scheinbar banale Handlung durch die kühne und konsequente Form, in der Forte sie teils verschlüsselt, teils auffächert. Der Autor spart nämlich den Angelpunkt des Geschehens, die Hauptfigur, aus. Nie kommt der Mann selbst zu Wort, immer äußern sich nur seine Gesprächspartner. Dazu mischen sich die Stimmen ins Spiel, die der Mann bei seinem nachmittäglichen Stadtbummel durch Kaufhäuser, Cafés und Kirchen

aufschnappt. So übernimmt der Hörer – mit den Ohren des Mannes – dessen selektive Wahrnehmung, die in Gesprächen anderer die eigenen Familien- und Berufskrisen wiedergibt.
Mit neuen Konsequenzen überträgt Forte hier das ›Verfahren der subjektiven Kamera‹ auf das Hörspiel-Genre. Anders als Paul Pörtner in seinen Mitspiel-Improvisationen konturiert Forte den Part des Publikums klar. Niemand ist hier auf spontane Assoziationen angewiesen, denn Forte gibt den Ablauf des Geschehens genau vor. Dem Hörer aber bleibt es überlassen, die Impressionen und Momentaufnahmen kausal zu verknüpfen; er agiert nicht, er denkt mit. Schlüssig wie kein anderes Hörspiel, versetzt dieses den Hörer in die Position der Hauptfigur«, schrieb Eva-Maria Lenz in der Frankfurter Allgemeinen Zeitung.

# Porträt eines Nachmittags
*Ein Hörspiel*

## *Stimmen*

EHEFRAU

TAXIFAHRER

FOTOGRAF

ZEITUNG

ALTER MANN

JUNGE FRAU

FRISEUR

ERWIN

PROSPEKT

TRÖDLER

MUSEUMSFÜHRER

BETRUNKENER

LITFASS-SÄULE

PROFESSOR

TOURISTENFÜHRER

ALTE FRAU

STIMMEN

## *Akustik eines Wohnzimmers*

EHEFRAU Jajaja, Herbert, komm her, lass den Karlheinz in Ruh! Dass die nie miteinander spielen können. Kannst du nicht mal 'n Machtwort sprechen? Das wird immer schlimmer mit den beiden.

Du musst dich beeilen, ist schon fünf vor. Hast du alles? Ach, ich möcht auch mal wieder in die Stadt. Was soll ich denn nun Annegret sagen? Die wollen doch Samstag vorbeikommen. Da steh ich wieder da. Du kannst dich auch nie entscheiden. Wenn man sich auf dich verlässt.

Wann bist du denn wieder da? Länger als zwei Stunden kann die Besprechung doch nicht dauern. Da hast du doch bestimmt noch Zeit, bei Weber vorbeizugehen. Das muss doch auch mal geregelt werden. Wann soll der Junge denn zum Klavierunterricht gehen. Er ist doch schon zehn. Wenn du ihn jetzt nicht anmeldest, braucht er überhaupt nicht mehr zu gehen. Also denk dran, meld ihn bei Weber an, die Zeit hast du bestimmt. Was ist das überhaupt wieder für 'ne Besprechung? War doch erst im letzten Monat eine. Dass die ewig ihre Verkaufsleiter sehen müssen. Das können die doch auch alles schreiben. So wichtig wird's schon nicht sein. Bloß dass ihr mal wieder saufen könnt. Den Rasenmäher könntest du auch reklamieren. Ist schon drei Wochen weg. Die stellen sich an, als ob sie noch nie so 'n Ding gesehen hätten. Das ist in der gleichen Gegend. Ihr tagt doch in dem Hochhaus? Von da ist es nur 'n Sprung. Könntest du ruhig vorbeigehen. Aber na ja, lieber warten wir noch vier Wochen. Es wird Zeit. Schon zwei Minuten nach. Wann kommst du denn wieder?

*Im Hintergrund Kindergeschrei / Die Stimme verliert sich in einem Nebenraum*
Herbert, lass den Karlheinz in Ruh! Kann man euch denn nie allein lassen. Ihr bringt mich noch um den Verstand.

*Stille*
*Schritte*
*Eine Haustür fällt zu*
*Ausblenden*

***Akustik eines fahrenden Vorortzuges***

*Stimmengemurmel*

ERSTER MANN Na, wie geht's?
ZWEITER MANN Kann nicht klagen.
ERSTER MANN Fährst du in die Stadt?
ZWEITER MANN Meine Alte hat morgen Geburtstag.

ERSTE FRAU Nein, ich will was einkaufen.
ZWEITE FRAU Können wir doch zusammen gehen.
ERSTE FRAU Na gut.

ERSTER MANN Was machst du denn hier?
ZWEITER MANN Hab Urlaub.
ERSTER MANN Bisschen durch die Stadt promenieren?
ZWEITER MANN Was soll man sonst machen.

*Ein Brief wird entfaltet*
*Briefstimme (Frau) im toten Raum / Im Hintergrund weiterhin Zuggeräusche*

BRIEFSTIMME *(Frau)* Ich habe alles vorbereitet. Komm gegen sechzehn Uhr. Dann ist er in der Praxis. Bring ein Taxi mit, damit alles schnell geht. Ruf mich um zwei Uhr an. Ich sage dir dann, ob alles in Ordnung ist. Ich werde ihm einen Brief hinterlassen. Das ist das Beste. Sei pünktlich, ich erwarte dich. Tausend Küsse. PS. Vergiss nicht, um Punkt zwei anzurufen.

*Ausblenden*

***Akustik einer Bahnhofshalle***

*Geräusche / Stimmen*
*Im Hintergrund eine Lautsprecherdurchsage*

LAUTSPRECHER Der D-Zug nach Hamburg fährt heute auf Gleis 11 ein.

FRAU Komm schnell. Beeil dich doch.
KIND Kann nicht.
FRAU Stell dich nicht so an.

MANN Ich fahr jetzt persönlich hin. Bis zum Abend hab ich's unter Dach und Fach. Man will sich ja auch was amüsieren.

LAUTSPRECHER Gepäckträger auf Bahnsteig 4. Gepäckträger auf Bahnsteig 4.

MÄDCHEN Schreibst du?
MANN Bestimmt.
MÄDCHEN Und du kommst wieder?
MANN Natürlich. Sobald ich Zeit habe.
MÄDCHEN Und wann wirst du Zeit haben?
MANN Was ist denn mit dir?

ALTE FRAU Lasst mal wieder von euch hören. Schreibt was. Auch das Unwichtige. Was hat man sonst.

*Langsam ausblenden*

***Akustik: Schalterraum einer Bank***

KASSIERER So, der Nächste. So viel auf einmal? Das geht aber nicht. Ach so, Sie haben Ihr Guthaben gekündigt. Jaja, ist klar. Geht in Ordnung. Das Konto kann aufgelöst werden. So, hier 1000, 2000, 3000, 4000, 5000, 6000, 1, 2, 3, 6300. Schöner Batzen. Kann man schon was mit anfangen. So, wenn Sie hier noch unterschreiben wollen. Danke schön. Der Nächste bitte.

*Ausblenden*

***Akustik eines Reisebüros***

*Ein Telefonhörer wird abgenommen*

ANGESTELLTE Reisebüro Blitz. Nein, gnä' Frau, die Pauschalreisen nach Rhodos sind alle ausgebucht. Tut mir leid, gnä' Frau. Nein, beim besten Willen nicht. Nein, ich glaube nicht. Wiederhören.
*Der Telefonhörer wird aufgelegt*
So, Sie wollten Schlafwagen nach Rom. Ja, da fährt heute Abend noch einer. 23 Uhr 21. Direkt nach Rom. Stazione Termini. Sind Sie morgen Abend da. 21 Uhr 03. Zwei Karten dann für Schlafwagen. Ist gut. Ich schreib's eben aus. Sie können schon zur Kasse gehen.

*Ausblenden*

### *Akustik eines fahrenden Taxis*

*Während der Fahrt Geräusche aus dem Lautsprecher der Funkanlage: Kirchstraße 11. Ein Wagen zum Opernhaus. Meldet euch doch mal. Wagen 317 bitte Standort angeben.*

TAXIFAHRER Kennen Sie die Stadt? Sonst hätt ich sie Ihnen erklärt. Ist zwar nichts Besonderes hier, aber immerhin. Ich erklär's ganz gern. Man sieht die Dinge dann anders. Als sähe man sie zum ersten Mal. Hat was für sich, alles als Fremder zu sehen. Es bedeutet einem dann nicht so viel. Man kann drüber wegsehen. Alles ist schön und nett. Irgendwann wird man es wiedersehen oder auch nicht. Ist ja egal, nicht?
Machen Sie so? Geschäfte? Privat? Möcht ich auch mal, privat wo hinfahren. Egal, wo. Hauptsache privat. Ganz alleine. Hab ich mir auch mal so vorgestellt. Vertreter gewesen. Firma machte guten Eindruck. Klappte auch ganz gut am Anfang. Prima Anzug, Ledertasche, schickes Appartement in der Innenstadt. Flottes Leben. Aber dann machten se Pleite, und so schnell was Neues war nicht. Und dann kam auch schon mein Ältester, war nicht eingeplant. Wir kannten uns erst drei Monate, aber nun war er mal da, nicht, und da hab ich mich auf Taxi geschmissen. Erst nur vorübergehend, und dann bin ich dran hängengeblieben. Heute hab ich drei und wohne sozial, draußen, in so 'ner Siedlung. Naja, man lebt.
So, da wären wir. Zweimarkachtzig.

*Ausblenden*

## *Akustik einer Straße*

*Überlaut das Getrappel unzähliger Schuhe auf einem breiten Boulevard / Stimmen, fast flüchtig im Vorübergehen*

ERSTE FRAU Und Toni?
ZWEITE FRAU Wird jetzt 16.
ERSTE FRAU Was, schon 16?
ZWEITE FRAU Ja, und ich 41.

ERSTES MÄDCHEN Meint er es ernst?
ZWEITES MÄDCHEN Weiß nicht.
ERSTES MÄDCHEN Und du bist trotzdem mit raufgegangen?
ZWEITES MÄDCHEN Was sollt ich denn machen.

FRAU Mit den 300 Mark komm ich einfach nicht aus. Die Miete, die Abzahlungen, da bleibt doch nichts.

MANN Jedesmal, wenn ich nach Hause komm, steht sie mit den Kindern da und sieht mich vorwurfsvoll an. Soll ich vor ihr auf die Knie fallen?

MÄDCHEN Komm doch mit heut Abend. Kannst ihn kennenlernen. Bist bestimmt sein Typ.

MANN Zwölftausend für einen Ring?
FRAU Ob's Leute gibt, die so was kaufen?
MANN Bestimmt.

ERSTE JUNGE FRAU Wenn mein Alter anruft, ich bin heut Abend bei dir.
ZWEITE JUNGE FRAU Was hast du denn vor?
ERSTE JUNGE FRAU Ach nur so.

MANN Sie kriegt jeden Ersten ihr Geld. Kann sie doch zufrieden sein. Sie hat ihr Geld, und mich soll sie in Ruhe lassen.

ERSTE FRAU Jetzt war er krank, und das mit seinem Bein wird auch nicht mehr.

ZWEITE FRAU Ja. Am Anfang sieht alles so schön aus.

ERSTE FRAU Wie lange weißt du es?

ZWEITE FRAU Seit einem Jahr.

ERSTE FRAU Und?

ZWEITE FRAU Man muss sich einrichten.

MANN Sie will nicht, verstehst du? Sie will ganz einfach nicht. Ich komm da nicht mehr mit.

FRAU Wenn man aus diesem Trott mal rauskönnte. Aber im Urlaub ist es genau dasselbe.

ERSTE JUNGE FRAU Gehste immer noch?

ZWEITE JUNGE FRAU Bis wir den Wagen haben.

ERSTE JUNGE FRAU Ist er denn einverstanden?

ZWEITE JUNGE FRAU Ist dem doch egal. Der will den Wagen haben.

MANN Was soll man tun? Was soll man nur tun? Ich weiß es nicht.

FRAU Acht Jahre haben wir geschuftet, bis die Praxis stand. Und jetzt?

ERSTE FRAU Hübsches Kleid.

ZWEITE FRAU Was kostet es?

ERSTE FRAU 500.

ZWEITE FRAU Nicht zu viel.

ERSTE FRAU Er kommt jede Nacht später nach Haus.

ZWEITE FRAU Und was sagt er?

ERSTE FRAU Nichts. Er spricht schon lange nicht mehr.

*Ausblenden*

*Akustik eines Fotoateliers*

FOTOGRAF Ein Porträt? Bitte schön. Wird sofort erledigt. Bitte hier Platz zu nehmen. So. Da wollen wir mal. Was Eindrucksvolles, nicht wahr? Bitte mal Ihr Profil. Die andere Seite. Ja, das ist besser. Werd ich etwas retuschieren. Sieht dann härter aus, männlicher. Die Kamera nehm ich von hier. Bisschen Hintergrundbeleuchtung. Sieht direkt ganz anders aus. Früher hab ich ganze Gruppen von vorn fotografiert, fertig war der Laden. Aber heute kommt man aus dem Retuschieren nicht mehr heraus. Etwas vorbeugen. Noch etwas. Danke. Hauptsache die Fassade stimmt, alles andere – Das Kinn etwas höher, so ist's recht. Hierhin schauen. Nicht mehr bewegen.
*Geräusch eines Kameraverschlusses*
Danke, Sie können es in vier Stunden abholen.

*Ausblenden*

*Akustik eines Cafés*

ERSTE FRAU Was willst du?
ERSTER MANN Egal.
ERSTE FRAU Obsttorte oder Schwarzwälder?
ERSTER MANN Irgendwas.
ERSTE FRAU Was denn nun?
ERSTER MANN Bestell was – und bring die Zeitung mit.
ERSTES MÄDCHEN Liebst du mich?
ERSTER JUNGE Ja.
ERSTES MÄDCHEN Immer?
ERSTER JUNGE Immer.
ERSTES MÄDCHEN Und du wirst mir nie untreu werden?
ERSTER JUNGE Nie.

ERSTES MÄDCHEN Na, und in zwanzig Jahren?
ERSTER JUNGE Wie kannst du so was sagen.

ZWEITE FRAU Um fünf kommt er von der Arbeit, da muss ich zu Hause sein.
ZWEITER MANN Nur eine halbe Stunde noch, das schaffst du doch.
ZWEITE FRAU Du denkst nur an dich. Wenn er nach Haus kommt, und ich bin nicht da, wird er misstrauisch.
ZWEITER MANN Eine halbe Stunde noch.
ZWEITE FRAU Du bist schrecklich.

ERSTE FRAU Der Kuchen ist ganz gut, nicht?
ERSTER MANN Hm.
ERSTE FRAU Kaffee könnte wärmer sein.
ERSTER MANN Hm.
ERSTE FRAU Musst du denn jetzt unbedingt Zeitung lesen?
ERSTER MANN Was denn? Lass mich doch.
ERSTE FRAU Da hätten wir auch zu Hause bleiben können.
ERSTER MANN Hm.

ERSTES MÄDCHEN Du musst es mir jeden Tag sagen.
ERSTER JUNGE Das tu ich doch.
ERSTES MÄDCHEN Wirst du mich auch immer schön finden?
ERSTER JUNGE Immer.
ERSTES MÄDCHEN Versprichst du es mir?
ERSTER JUNGE Natürlich.

ZWEITE FRAU Ich muss jetzt wirklich gehen.
ZWEITER MANN Wann hat er denn Nachtschicht?
ZWEITE FRAU Nächste Woche. Aber du musst vorsichtiger sein. Letztes Mal ist die Kleine wach geworden.
ZWEITER MANN Ich komm erst um elf.

*Eine Zeitung wird auseinandergefaltet*
*Zeitungsstimme im toten Raum / Im Hintergrund weiterhin Kaffeehausgeräusche*

ZEITUNGSSTIMME Kriegsgefahr in Vorderasien.
Sohn eines Millionärs entführt.
Skandal bei der Deutschen Boxmeisterschaft.
Kai Brown – ein Starlet in Hollywood.
Zwei Kinder allein! Gestern abend gegen 20 Uhr 30 geriet ein PKW auf der Bismarckstraße von der Fahrbahn ab und prallte gegen einen Lichtmast. Die beiden Insassen starben auf der Fahrt in das Marienkrankenhaus. Wie unser Berichterstatter erfuhr, hinterlässt das Ehepaar zwei Kinder im Alter von fünf und sieben Jahren.
Der Staat schenkt Ihnen Geld, wenn Sie sich ein Eigenheim bauen. Wir erstellen Ihnen ein schönes und gemütliches Heim, in dem Sie mit Ihrer Familie behaglich leben können. Ein Haus, in dem Sie glücklich werden. Fragen Sie noch heute an. Gemeinnützige Wohnungsbaugesellschaft.
Lottobetrug! Eine 37jährige Verkäuferin versuchte gestern mit einem Lottoschein einen Gewinn von 80 000 Mark abzuholen. Wie sie bei der Vernehmung angab, wollte sie damit ihren Freund bewegen, sie zu heiraten.
Machen Sie Ferien. Spannen Sie aus. Vergessen Sie den Alltag und seine Probleme. Fahren Sie einfach weg. Reisebüro Alltourist.
Die Filmtheater zeigen heute:
Gloria: Auf immer Dein.
Alhambra: Fahrt in die Hölle.
Skala: Hawaii-Melodie.
Metropol: Schüsse und harte Kerle.
Savoy: Der große Walzer.

*Die Zeitung wird zusammengefaltet*
*Ausblenden*

## *Akustik eines Kinos*

*Langsam einblenden*
*Im Hintergrund Filmmusik*

PLATZANWEISERIN Bitte hier. Reihe 12, Sitz 16.

*Von der Leinwand herunter*

KIND Und was machen wir dann?
MANN Dann gehen wir in die Stadt.
KIND Und?
MANN Gucken die Leute an.
KIND Und dann?
MANN Kaufen wir ein Eis.
KIND Fein. Gehen wir auch in den Zoo?
MANN Natürlich. Zu den Affen, zu den Elefanten –
KIND Und in den Zirkus?
MANN In den Zirkus gehen wir auch. Jeden Tag.
KIND Wann gehen wir denn?
MANN Na sofort.

*Filmschnitt*

FRAU Du hast gut reden.
MANN Komm mit. Wir müssen hier weg.
FRAU Das können wir nicht machen.
MANN Natürlich können wir es.
FRAU Wir haben kein Recht dazu.
MANN Wir nehmen es uns.
FRAU Und die anderen?
MANN Man kann nicht immer an andere denken. Man muss an sich denken.
FRAU Das kann jeder sagen.

MANN Es ist eine Ausnahme.

FRAU Und in zehn Jahren? Wird es da eine neue Ausnahme geben?

MANN Ich schwöre dir –

FRAU Hör auf. Wie willst du wissen, was du in zehn Jahren tun oder denken wirst? Wie willst du das wissen?

*Filmschnitt*
*Zirkusmusik*

KIND Was sind das für Tiere?

MANN Das sind Dromedare.

KIND Wie heißen die?

MANN Dromedare.

KIND Was haben die denn da oben?

MANN Das ist ein Höcker.

KIND Und warum legen die sich jetzt hin? Sind die müde?

MANN Ja, die sind müde.

*Langsam ausblenden*

## *Akustik einer Straße*

VERKÄUFER Eine Bockwurst mit Brötchen, bitte schön. Einsfuffzig.

ALTER MANN Schmeckt gut, nich? Sind bloß teurer geworden. Haben früher einszwanzig gekostet. Aber sind gut. Gestatten, kann ich Ihre Zeitung haben, oder lesen Sie noch drin? Nein, nein, ich will nicht lesen. Ich sammle sie nur. Hab da jetzt so 'n Zimmer bekommen, so 'ne Dachkammer, wissen Sie. Hab für die Leute schon mal was besorgt. Nette Leute, krieg ich immer was zu essen, wissen Sie. Mach ich so kleine Besorgungen. Also die haben mir diese Dachkammer da gegeben. Brauch ich nichts für zu zahlen. Aber alles so alte Wände, bröckelt alles ab. Hat man den Dreck immer im Bett liegen, und da tapezier ich jetzt mit Zeitungen, wissen Sie. Eine Wand hab ich schon fertig. Hält ganz gut. Kann ich abends immer die Schlagzeilen lesen. Ist ja doch immer dasselbe. Ändert sich nichts. Gar nichts.

*Ausblenden*

***Akustik einer Telefonzelle***

*Ein Telefonhörer wird abgenommen / Eine Nummer wird gewählt / Freizeichen*

FRAUENSTIMME Ja, hallo. Bist du es, Schatz? Du kannst kommen. Punkt vier. Hallo Schatz, was ist denn los? Sag doch was. Hallo. Wer ist denn da? Hallo – – Hallo – –

*Der Telefonhörer wird eingehängt*
*Ausblenden*

***Akustik eines Kaufhauses***

VERKÄUFERIN Apfelsinen zum Sonderpreis sechs Stück eine Mark. Apfelsinen sechs Stück eine Mark.

FRAU Fräulein, was kostet die Bluse?

VERKÄUFERIN Sie können Ihr Kind fotografieren lassen. Haben Sie doch immer eine schöne Erinnerung. Wenn die erst mal fünfzehn sind –

LAUTSPRECHER Wir machen auf unsere Modenschau im ersten Stock aufmerksam, die soeben begonnen hat.

VERKÄUFER Das ist nur die Anzahlung.
FRAU Und die Raten?
VERKÄUFER Fünf Jahre.
FRAU Fünf Jahre?
VERKÄUFER Was wollen Sie denn. Machen doch alle so.

ALTER MANN Unten im Keller gibt's 'n Teller Erbsensuppe für 40 Pfennig. Ist sogar Fleisch drin. Ess ich jeden Tag.

ERSTE FRAU Ich hab vorige Woche wieder geheiratet. Das ist jetzt mein dritter.
ZWEITE FRAU Ist das nicht 'n bisschen komisch, drei Männer?
ERSTE FRAU Ach, irgendwo sind sie ja doch alle gleich.

FRAU Und damit geht das?
VERKÄUFER Natürlich.
FRAU Die Tapeten einfach drauf?
VERKÄUFER An die Wand, ja.
FRAU Ich hab das noch nie gemacht.
VERKÄUFER Kann jeder.
FRAU Die Tapeten einfach –
VERKÄUFER An die Wand, ja. Aber vorher den Kleister –
FRAU Ach so, der Kleister.
VERKÄUFER Auch an die Wand, ja.
FRAU Vorher?
VERKÄUFER Vorher.

ERSTE FRAU Gehst du zur Modenschau?
ZWEITE FRAU War schon gestern dort.
ERSTE FRAU Was Nettes dabei?
ZWEITE FRAU Geht so.

*Dezente Musik von einem Trio*

CONFÉRENCIER ... das war Angelika, und hier jetzt Nummer 18, ein hübsches Tweedkostüm in Türkis für den morgendlichen Stadtbummel. Sehr schick und sportlich.
Und hier Nummer 19, Elvira, etwas für den frühen Nachmittag, ein gelbes Chiffonkleid, sehr elegant, sehr duftig, eine kleine Überraschung für Ihren Mann.
Als nächstes Nummer 20, ein Cocktailkleid, mit großem Dekolleté. Ein Kleid, mit dem Sie bestimmt Eindruck machen werden.
Nummer 21, Marietta, ein knöchellanges schwarzes...

*Musik ausblenden*

ERSTE JUNGE FRAU Ich war jetzt mit ihm in Teneriffa. War nett.
ZWEITE JUNGE FRAU Und dein Mann?
ERSTE JUNGE FRAU Der soll ja still sein. Der bedient sich ja auch ganz schön.

KIND Was ist, wenn die Bombe fällt?
VATER Dann sind alle tot.
KIND Alle?
VATER Ja, alle.

VERKÄUFERIN Ein Parfümflakon?
MANN Hatse schon.
VERKÄUFERIN Eine Garnitur für den Frisiertisch?
MANN Hatse.
VERKÄUFERIN Puderdose?
MANN Drei Stück.
VERKÄUFERIN Vielleicht eine Handtasche?
MANN Den ganzen Schrank voll.
VERKÄUFERIN In Schlangenleder?
MANN Hatse.

MANN 3000 Vorauszahlung und 5000 verloren. Was soll man denn machen? Können doch nicht ewig auf dem Zimmer hocken.

FRAU Ob die Tasche zu dem Kostüm passt?
VERKÄUFERIN Aber sicher, gnädige Frau, ausgezeichnet.
FRAU Meinen Sie wirklich? Ich kann mich nie entscheiden.

ERSTER MANN Ich hab mir jetzt den 300 SL gekauft, mehr Anzug.
ZWEITER MANN Benzin?
ERSTER MANN Säuft enorm.
ZWEITER MANN Beschleunigung?
ERSTER MANN Enorm.
ZWEITER MANN Will mir jetzt den 600er kaufen.
ERSTER MANN Enormer Topp.
ZWEITER MANN Meine Frau nimmt dann den alten.
ERSTER MANN Hat doch schon einen.
ZWEITER MANN Den übernimmt mein Sohn.
ERSTER MANN Hat doch auch einen.
ZWEITER MANN Der verkauft seinen.
ERSTER MANN Enorm.

FRAU Wenn wir ihm den Mantel kaufen, kann er seinen Heinz geben.
MANN Und Manfred?
FRAU Trägt den von Heinz auf.

ERSTE FRAU Sollen wir's nehmen?
ZWEITE FRAU Ist doch viel zu teuer.
ERSTE FRAU Sieht aber nach was aus.
ZWEITE FRAU Investier nicht so viel. Von der kannst du doch nichts erwarten.

FRAU Ob wir ihm den Roller kaufen?
MANN Wovon denn?

FRAU Er wünscht sich schon lange einen.
MANN Aber wovon denn.

VERKÄUFER Herrschaften, das müssen Sie haben! Sie brauchen das Ding nur in Ihren Backofen zu stellen, und schon haben Sie einen Grill. Für 12 Mark 80. Sie bleiben schlank, bekommen Vitamine, mit einem Wort: Gesundheit! Oder wollen Sie Ihren Mann dem Managertod ausliefern? Papi muss doch noch anschaffen. Da fehlt doch noch manches in der Wohnung. Na, hab ich recht? Da muss Papi gesund bleiben. Von der Witwenrente können Sie sich so was nicht mehr kaufen. Na also, meine Damen, 12.80, bitte sehr. Frisch gegrillt ist halb gelebt. 12.80 bitte sehr…

*Beatmusik aufblenden*

JUNGE Legen Sie die mal auf.
JUNGE VERKÄUFERIN Was für eine?
JUNGE Die Heuler.
JUNGE VERKÄUFERIN Sind auch dufte.
JUNGE Hm.
JUNGE VERKÄUFERIN Hab gelesen, dass die nur Latschen aus Krokodilleder tragen.
JUNGE Klasse.

*Musik ausblenden*

FRAU Da frag ich gar nicht lang, wenn ich was kauf. Ich hab's eben an, fertig. Soll er sich doch auf den Kopf stellen.

MANN Früher hatte man ja noch Überstunden. Aber heute. Was soll man denn so früh zu Haus.

FRAU Packen Sie mir das dazu. Und die Rechnung bitte nach Hause.

VERKÄUFERIN Apfelsinen sechs Stück eine Mark. Einmaliges Sonderangebot. Sechs Stück eine Mark.

*Ausblenden*

**_Akustik einer Straßenbahn_**

*Stimmengewirr*

JUNGE FRAU Seit zwei Jahren schon. In so 'ner Siedlung. Ist überhaupt nichts los. Den ganzen Tag nur Rasen und Kindergeplärr und Wäscheleinen. Alles so eintönig. Ein Haus neben dem anderen. Alle gleich, auch die Wohnungen sind gleich. Nur die Balkone haben se anders gestrichen. Jedes Stockwerk 'ne andere Farbe. Kenn's schon auswendig. Tagsüber hab ich die Gören am Hals. Abends kommt er und schmeißt sein Zeug hin. Einmal in der Woche Kino, wenn nichts im Fernsehen ist. Manchmal denke ich, ich wär besser in der Fabrik geblieben. Da hat man seine Arbeit und sein Geld, und abends konnte man machen, was man wollte. Jetzt sitz ich den ganzen Tag in zwei Zimmern, hab die Gören am Hals und abends ihn. Jeden Tag das Gleiche. Was soll man machen. Mag schon gar nicht mehr aus dem Fenster sehen. Nur die Balkone haben se anders gestrichen.

*Ausblenden*

**_Akustik eines Hausflurs_**

HAUSMEISTERIN Ah, guten Tag der Herr. Ich glaube, Sie können raufgehen. Der Herr Gemahl ist in der Praxis. Danke schön. Vergelt's Gott.
*Schritte, die eine Treppe hinaufsteigen*

*Leise* Zwei Mark. Am Anfang war's mal mehr.

*Die Schritte steigen langsamer, bleiben stehen, kommen plötzlich wieder die Treppe herab*

Was ist denn? Sie haben doch noch gar nicht geklingelt. Ich hab ihn wegfahren sehen. Und sie ist bestimmt oben. Soll ich was ausrichten? – Komischer Kerl.

*Ausblenden*

### *Akustik eines Frisiersalons*

FRISEUR Haare schneiden? Bitte sehr. Können gleich Platz nehmen.

Schönes Wetter heut, nicht? Naja, wird ja auch Zeit. Vielleicht regnet es morgen wieder, weiß man ja nie. Ich schneid es nur ein bisschen nach. Ist ja noch ganz gut, das Haar.

*Die Ladentür wird geöffnet*

Ach Erwin, komm rein.

ERWIN *kommt herein* Dauert's lang?

FRISEUR Nein, nein, nur 'n Moment.

ERWIN Dann wart ich.

FRISEUR Wie geht's?

ERWIN Muss so. Was hast du denn Dienstag gemacht? War zu.

FRISEUR Bruder meiner Frau ist gestorben. In Hameln. Mussten wir hin.

ERWIN Krank?

FRISEUR Ach, eigentlich nicht. War erst ein halbes Jahr pensioniert. Auf einmal war es aus.

ERWIN So geht's uns allen mal.

FRISEUR Jetzt hatte er grade ein halbes Jahr Ruhe, und schon ist's vorbei.

ERWIN Man rackert sich ab, und auf einmal ist man alt.

FRISEUR Was hat man schon vom Leben? Ich steh den ganzen Tag hier rum. Abends bisschen Fernsehen. Sabbat. Was hat man schon.

ERWIN Und ich dachte, du wärst nach Spanien.

FRISEUR Wovon denn? Wenn ich mal 'ne Woche zumach, langt es bei mir höchstens zum Stadtwald. Wenn ich das schon immer les, wie viele nach Italien fahren. Die sollen mal die zählen, die nicht fahren.

ERWIN Was willste machen.

FRISEUR Warst du mal wieder beim Hans?

ERWIN Gestern.

FRISEUR Ist nichts mehr, was?

ERWIN Ach, geh mir weg. So was Ungemütliches.

FRISEUR Der schafft das alleine auch nicht.

ERWIN Seitdem sie weg ist, mag man gar nicht mehr hingehen.

FRISEUR Aber er ist ja selber schuld.

ERWIN Trotzdem, so einfach weglaufen ist auch nicht richtig. – Morgen ist Freitag, nicht?

FRISEUR Ja, Freitag. Ist die Woche auch schon wieder rum.

ERWIN Gehste am Sonntag nach Fortuna?

FRISEUR Weiß noch nicht.

ERWIN Das haben die noch nicht gewonnen.

FRISEUR Ach, woher denn.

ERWIN Die haben 'ne gute Verteidigung, die Jungens.

FRISEUR Die müssen aber gewinnen, sonst ist es Essig mit dem Aufstieg.

ERWIN Wird schwer werden. Der Hoffmann ist auch nicht mehr so gut. Hat mir letztes Mal gar nicht gefallen.

FRISEUR Werden alle mal alt.

So, der Herr. Ich glaube, so geht's. Drei Mark. Kannst dich schon hinsetzen, Erwin.

*Ausblenden*

### *Akustik einer Straße*

JUNGE Prospekte, bitte mitnehmen, Prospekte, bitte schön der Herr.

*Stimme im toten Raum*
*Im Hintergrund weiterhin Straßengeräusche*

PROSPEKTSTIMME Wir zeigen Ihnen den Weg, den Sie gehen müssen. Den Weg der Wahrheit.
Reverend Jonathan Smith wird Sie auf den Pfad des Lichts und der ewigen Glückseligkeit führen.
Kommen auch Sie! Ja, grade Sie!
Versäumen Sie nicht, die Wahrheit zu erfahren!
Sonntag 20 Uhr im Gemeindesaal.
Die Lichtbringer.
Eintritt fünf Mark.

*Ausblenden*

### *Akustik eines Trödelladens*

TRÖDLER Suchen Sie was Bestimmtes? Na, schauen Sie sich mal um. Ist ja alles da.
Alter Aschenbecher? Schönes Silberbesteck? Erster Band Theodor Körner? Kauft auch keiner mehr. 'ne Lampe? Doch noch ganz nett. Vase? Oder ein altes Ölbild? Heidelandschaft. Hätt' ich gar nicht erst ankaufen sollen. Liegt doch nur rum. Gefütterter Morgenrock? Sind auch schon die Motten drin. Ein echter Siegelring. Mit Inschrift: auf Ewig – Deine Lisa. Immer gleich ewig, drunter tun sie's nicht. War alles unersetzlich und ewig, und jetzt liegt's hier rum. Posaune? *Man hört einige Posaunentöne* Klappt auch nicht mehr richtig. Banane aus Gips? Blöd-

sinn. Was alles so aufgehoben wird. Es ist nicht zu fassen. Wenn da einer gestorben ist, und ich muss die Wohnung ausräumen, also die Hälfte schmeiß ich selber weg. Was für die alles mal wichtig war, man kann es kaum glauben.
Silberleuchter? Hm, kann man einschmelzen. Altes Familienalbum. Naja, wer sich für interessiert. Wie die dastehen. Das reinste Panoptikum. Kleben Fotos ein und meinen, sie hätten gelebt. Sicher 'n Ausflug. Spazierstock und Blume im Knopfloch. Alles vergilbt. Kann man kaum erkennen. Sehen Sie mal, der Kleine im Matrosenanzug, und hier ist er schon bei den Grenadieren und hier im Schützenverein. Von einer Uniform in die andere. Schaun Sie mal die Bademoden. Was ist das denn? Sackhüpfen, he? Und hier, Blindekuh. Tapsen mit verbundenen Augen durch die Gegend und vertreiben sich die Zeit. Naja, irgendwie muss man sie ja herumbringen. Womit ist ja auch egal. Ist das denn hier? Kindtaufe oder so was. Auch 'n hübsches Spiel. Und hier, Hochzeitsfoto. Stresemann und weißer Schleier.
*Das Buch klappt zu und fliegt auf einen Haufen Gerümpel*
Alles Trödel.

*Ausblenden*

**_Akustik eines Parks_**

*Kinderlärm*

FRAU *weit entfernt* Gitta, komm her! Geh nicht so nah ans Wasser.

ERSTE FRAU Wie alt ist er denn?
ZWEITE FRAU Drei Jahre. Hat grad die Masern gehabt.
ERSTE FRAU War bei meinem genauso.

ERSTER ALTER MANN Schön warm die Sonne.

ZWEITER ALTER MANN Ja, schon ganz schön warm.

ERSTER ALTER MANN Was hat man schon, außer ein bisschen Sonne.

MANN Du sagst einfach zum Anwalt, dass du –

FRAU Ich werd schon nichts falsch machen.

MANN Wir wollen doch vernünftig sein. Wir sind doch erwachsene Menschen.

FRAU Ja, ich werd vernünftig sein.

ALTE FRAU Ja, das sind nun auch schon zehn Jahre her. Die Zeit vergeht.

ERSTER ALTER MANN Was macht dein Sohn.

ZWEITER ALTER MANN Weiß nicht, er hat wohl zu tun.

ERSTE FRAU So schnell hintereinander?

ZWEITE FRAU Wir haben uns verrechnet.

ERSTE FRAU Und die Raten?

ZWEITE FRAU Weiß auch nicht. Naja, haben wir wenigstens das Kindergeld.

ALTER MANN Ich sitz immer hier, seit meine Frau tot ist. Was soll ich zu Hause? Die Küche ist so leer. Scheint nur morgens mal die Sonne rein. Alles so leer.

ERSTE FRAU Wenn ich abends meine zwei im Bett hab, bin ich müd. Noch ’n bisschen Fernsehen. Er trinkt sein Bier. Was soll schon sein.

ZWEITE FRAU Früher seid ihr doch schon mal abends weggegangen.

ERSTE FRAU Früher.

JUNGER MANN Das sind 4000. Da können wir doch heiraten. Und wenn wir die Wohnung kriegen, weißt du, ich stell mir das so vor, ganz helle Tapeten…

ERSTER ALTER MANN Schöne Beerdigung?
ZWEITER ALTER MANN Ein paar Leute und zwei Kränze.
ERSTER ALTER MANN Ja. Jetzt sind wir dran.

ERSTE FRAU 2000 Mark hat er genommen.
ZWEITE FRAU Und Herbert?
ERSTE FRAU Ist froh, dass ich's los bin. Er will weiterkommen.
ZWEITE FRAU Aber du wolltest doch.
ERSTE FRAU Naja, wenn er doch weiterkommen will.

ALTE FRAU Ich hab die Brosche verkaufen müssen. Hab aber nicht viel für bekommen. Zu altmodisch.

ERSTER MANN Seitdem sie mich pensioniert haben, sammle ich Briefmarken.
ZWEITER MANN Macht's Spaß?
ERSTER MANN Irgendwas muss man ja tun.

FRAU Jetzt ist sie schon ein halbes Jahr in der Fürsorge, aber das kommt nur, weil sie mit diesen Halbstarken herumgelaufen ist. Ich versteh das alles nicht mehr.

ALTER MANN Da brüten schon die Schwäne. Voriges Jahr haben sie zwei erschlagen.

*Ausblenden*

## *Akustik eines Museums*

*Gescharre zahlreicher Füße*

MUSEUMSFÜHRER Wir kommen jetzt in die niederländische Abteilung. Bitte nicht so nahe an die Gemälde herantreten. Als erstes hängt hier ein Bild von Adriaen von Ostade. Eine Bauernszene. Ostade war Schüler von Frans Hals. Es ist ein spätes Werk, was Sie hier sehen, und das für den Maler typische Hell-Dunkel seiner früheren Bilder ist einem gleichmäßigen Licht gewichen. Die Komposition ist wohlüberlegt und harmonisch. Ruhe und Abgeklärtheit spricht aus dem Bild. Sie sehen die Bauernfamilie, die nach einem heißen Sommertag vor dem Hoftor steht und einem Violinspieler lauscht.
Und hier das Werk eines Mannes, der es zu Hause nicht aushielt und in die Welt hinauszog. Frans Post. Er lebte von 1637 bis 1644 in Brasilien, das damals noch holländische Kolonie war. Ihm verdanken wir sehr schöne und authentische Darstellungen dieses Landes, unter anderem auch diese Insellandschaft, die Sie hier sehen. Als nächstes das Werk eines unbekannten Meisters aus dem 17. Jahrhundert, das vor allem durch seine Lichtführung besticht. Wir sehen eine Frau, die auf dem Schoße eines Mannes, offensichtlich ihres Geliebten, sitzt und unruhig zum Fenster hinaussieht. Das Bild trägt den Titel: Die Ehebrecherin. Das nächste Bild, eine hervorragende Farbkomposition…

*Langsam ausblenden*

## *Akustik einer Straße*

*In der Ferne Polizeisirenen*

STIMMEN Was ist denn los?
Weiß auch nicht.

Guck mal da oben.
Wo?
Da sitzt eine auf dem Dach.
Wo?
Da oben auf dem Dach.
Neben dem Kamin.
Mein Gott.
Eine Frau.
Was will denn die da oben?
Keine Ahnung.
Vielleicht 'ne Selbstmörderin.
Die will runterspringen.
Da kommt schon die Feuerwehr.
Geh da weg.
Die will tatsächlich –
Die springt!

*Ein Schrei*
*Stille*
*Ausblenden*

### *Akustik einer Gastwirtschaft*

*Im Hintergrund Schlagermusik aus einer Musicbox*

WIRT Ein Kognak, bitte schön der Herr.

EIN LEICHT BETRUNKENER MANN Ist Ihnen wohl auf den Magen geschlagen, was? Die ist hin. Dreißig Meter waren das mindestens. Von der ist nichts mehr da. Die hat's hinter sich. Manchmal denk ich, die sind besser dran. Das Leben, da lach ich immer, 'n Schnaps ist mir lieber. Der ist klar. Das Leben. Heutzutage ist doch alles egal. Na sagen Sie doch selbst. Ist doch alles egal. Wer schert sich denn an was, he? Keiner. Jeder kann doch machen, was er will. Stört doch keinen. Dreht sich keiner für um. Meinen Sie, das stört einen, dass die da eben runtergesprungen ist? Die meckern höchstens, dass die Straßenbahn nicht weiterfährt.

WIRT Max, lass die Gäste in Ruh.

BETRUNKENER Entschuldigen Sie, aber ist doch wahr.

WIRT Geh nach Haus.

BETRUNKENER Was soll ich denn da, he? Seit zwanzig Jahren die gleiche Tapete. Immer derselbe Rummel, dasselbe Gequake, hättste hier, hättste da. Nur wenn's Fernsehen läuft, sind se still. 'n vernünftiges Wort kann man überhaupt nicht mehr reden. Gaffen nur. Was soll man überhaupt noch machen. Ich weiß es nicht. Jetzt hab ich mir 'nen Wagen gekauft. Aber wo soll man denn hinfahren? In 'ne andere Stadt? Und was soll man da? Ist ja alles Quatsch. Alles Quatsch.

Meine Tochter ist sechzehn und fährt jetzt an die Costa Brava. Wissen Sie, wo das liegt? Costa Brava? Keine Ahnung. Aber fährt an die Costa Brava. Na bitte, wen stört's denn.

Wissen Sie, ich will meine Ruhe haben. Mehr will ich ja gar nicht. Aber nicht mal das hat man. Macht man 'ne Flasche Bier auf, geht's schon los. Weshalb ich die Alte bloß geheiratet hab, ich weiß es nicht. Weiß ich wirklich nicht. Ist schon so lange her. Wie soll man das auch noch wissen. Irgend 'n Grund wird's schon gegeben haben. Aber wie soll man das noch wissen. Ist auch nicht wichtig. Was ist schon noch wichtig. Gar nichts mehr, überhaupt nichts mehr. Ist ja alles egal, alles Quatsch.

*Ausblenden*

## *Litfaßsäule*

*Stimme im toten Raum*
*Im Hintergrund Straßengeräusche*

STIMME DER LITFASS-SÄULE
Fußballspiel: Fortuna gegen 1. FC.
Ball der Schwimmer.
Corona – eine gute Margarine.
Kommen Sie zur Rednerschule.
Was ist Z 78 – nächste Woche mehr.
Gastspiel Bostoner Sinfonieorchester.
Theateraufführung: Das Leben ein Traum.
Rauchen Sie Alboro.
Liederabend Dieter Fischer-Bernau.
Mittwoch Diskussion: Existiert die Kirche noch? 20 Uhr Erzbischöfliches Palais.
Im Rahmen der Hochschulwoche Vortragsreihe: Professor Dr. Dr. Römer, ›Der Mensch‹. 16 Uhr Kleiner Kongress-Saal

*Ausblenden*

## *Akustik eines vollbesetzten Saals*

PROFESSOR Ich möchte zunächst zu Beginn meiner Vortragsreihe eine kurze Begriffsbestimmung geben. Der Mensch, lateinisch homo sapiens, ist das höchstentwickelte Säugetier innerhalb der besonderen Familie der Klasse der Primaten. Seine nächsten Verwandten im Tierreich sind die Anthropoiden, die Menschenaffen. Aber natürlich besteht da ein gewaltiger Unterschied. Dieser Unterschied zeigt sich vor allem in der artikulierten Sprache und in den hochentwickelten geistigen und seelischen Leistungen des Menschen. Die Frage nach dem

Wesen des Menschen ist fast so alt wie der Mensch selbst. Die einzelnen philosophischen Richtungen haben den Menschen jeweils verschieden gedeutet, ohne dass man sich bis heute einigen konnte. In den naturalistischen Auffassungen des Materialismus, des Evolutionismus und des sogenannten Monismus wird der Unterschied zwischen Mensch und Tier als ein gradueller angesehen, während man dagegen bereits in der Antike anführte, dass der Geist übersinnlichen Ursprungs und von der Seele trennbar sei. Daraus ergibt sich eine Zwei- bzw. Dreiteilung des Menschen in Leib, Seele, Geist. Nun entsteht aber die Frage – und sie wird uns im Laufe dieser Veranstaltung noch öfter beschäftigen –, woher denn nun…

*Ausblenden*

***Akustik einer Straße***

KIND Mutti, was ist das?
MUTTER Was denn?
KIND Das da im Fenster. Hinter den Kerzen.
MUTTER Das ist – komm, wir gehen weiter.
KIND Was ist es denn?
MUTTER Das ist ein Sarg.
KIND Was ist ein Sarg?
MUTTER Da kommen die Toten rein.
KIND Was sind Tote?
MUTTER Leute, die gestorben sind.
KIND So, wie Opa?
MUTTER So, wie Opa.
KIND Warum ist er denn gestorben?
MUTTER Jeder muss sterben.
KIND Jeder?
MUTTER Ja.

KIND Ich auch?
MUTTER Du auch.
KIND Und was ist, wenn man gestorben ist?
MUTTER Ich weiß es nicht.
KIND Warum stirbt man, Mutti?
MUTTER Ich weiß es nicht.
KIND Wer weiß es denn?
MUTTER Keiner.
KIND Ist sterben schön?
MUTTER Nein.
KIND Warum stirbt man dann?
MUTTER Ich weiß es nicht.

*Ausblenden*

***Akustik einer Kirche***

ERSTE FRAU Schön, nicht?
ZWEITE FRAU Was hat er gesagt, gotisch?
ERSTE FRAU Ja, gotisch.
ZWEITE FRAU Wie hoch das ist.
ERSTE FRAU Guck mal da vorne der Altar.
ZWEITE FRAU Hamse schön angestrahlt, nich?
ERSTE FRAU Alles Gold.
ZWEITE FRAU Was das gekostet hat.
ERSTE FRAU Komm weiter.

FRAU Muss man sich erst mit dem Weihwasser oder –
MANN Ach was, ham doch für die Führung bezahlt.

ERSTE FRAU Hier kann man nicht durch.
ZWEITE FRAU Warum denn nicht?
ERSTE FRAU Da beten welche.
ZWEITE FRAU Ach so.

FRAU Was ist das denn für ein Denkmal?
MANN Da hamse irgend so ’n Erzbischof begraben.
FRAU Mitten in der Kirche?
MANN Siehste doch.

LAUTSPRECHER Die nächste Führung durch die Schatzkammer beginnt in fünf Minuten. Teilnehmer wollen sich bitte am Eingang drei einfinden.

KIND Was ist das für eine Lampe?
MUTTER Ich glaub, das Ewige Licht.
KIND Wofür ist das denn?
MUTTER Das ist – weiß ich auch nicht mehr.

ALTER MANN Ich sitz gern hier. Es ist so schön kühl, und man sieht ’ne Menge Leute.

LAUTSPRECHER Die nächste Domführung beginnt in zehn Minuten am Eingang eins. Ich wiederhole: Die nächste Domführung in zehn Minuten Eingang eins.

ERSTE FRAU Da drüben beichtet einer.
ZWEITE FRAU Wo?
ERSTE FRAU Da drüben.
ZWEITE FRAU Tatsächlich.

FRAU Da kannste Andenken kriegen. Guck mal, der Dom als Feuerzeug, oder willste’n als Aschenbecher haben? Oder hier als Weinpokal?
MANN Als Pfeifenständer gefällt er mir besser.
FRAU Haste mal fünfzig Pfennig?
MANN Wofür?
FRAU Für die Heidenkinder.
MANN Selber ’n Heidenkind.

FRAU Was da für Kerzen vor der Madonna brennen.
MANN Na ja, Fürbitte oder so.

FRAU Hier in der Seitenkapelle ist 'ne Trauung. Komm, wir gehen mal hin.

PFARRER …und so frage ich Sie, Gerhard Walter Tembrink, sind Sie bereit, Ihre zukünftige Gattin zu lieben, zu ehren und die Treue zu halten, bis der Tod euch scheidet?
TEMBRINK Ja.
PFARRER Und so frage ich Sie, Maria Paula Hofer, sind Sie bereit, Ihren zukünftigen Gatten zu lieben, zu ehren und die Treue…

*Langsam ausblenden*

### *Auf dem Kirchturm*

FREMDENFÜHRER Sie stehen hier auf dem Turm der Katharinenkirche. Der Turm ist 82 Meter hoch. Von hier aus haben Sie einen freien Überblick über die Stadt. Die Stadt ist in ihrer größten Ausdehnung 23 Kilometer lang und 16 Kilometer breit und bedeckt eine Fläche von 162 Quadratkilometern. Die geographische Lage der Stadtmitte ist dort, wo das Hochhaus steht. In der Stadt leben ca. 700 000 Menschen.
Zu Ihren Füßen das Einkaufszentrum, links davon hinter dem Stadtgraben das Bankenviertel.
Dahinter die Altstadt mit dem Fluss und der alten Brücke. Etwas weiter hinten die Nordbrücke und die Südbrücke. Links der Hafen. Gradeaus, hinter dem Hofgarten alte vornehme Villenviertel. Wenn Sie sich umdrehen, sehen Sie die Türme von Sankt Johannes und Sankt Gertrud und das Hochhaus der Stahl-AG, das höchste Bauwerk der Stadt. Weiter hinten, dort, wo die Schornsteine qualmen, große Industrieanlagen. Rechts

davon neue Stadtviertel und Siedlungen, die erst in den letzten Jahren erbaut wurden. Linker Hand das Erholungsgebiet mit Schwimmbädern und Parkanlagen.
Erste Zeugnisse der Stadt sind aus dem Jahre 840 erhalten…

*Ausblenden*

### *Akustik einer Straße*

*Taubengegurre*

EINE SEHR ALTE FRAU Jajaja, nun stellt euch nicht so an, kriegt ja alle was. Da fresst schön.
Schon wieder eine Trauung. Immer wenn ich die Tauben fütter, kommen sie da raus. Hübsche Braut. Naja, Bräute sind immer hübsch. Einen Tag lang. Nachher hat man ja die Fotos. Man stellt sich immer wunder was vor, und dann ist es doch nur der Alltag. Wohnung, Einrichtung, die Kinder, der Mann. Wenn man Pech hat, Krieg, und nach dem Krieg wieder alles von vorn. Immer das Gleiche. Jeden Tag das Gleiche. Jahraus, jahrein. Man denkt immer, man hat noch so viel Zeit, und dann ist es schon fast vorbei. Es geht alles so schnell. So furchtbar schnell.

*Ausblenden*

### *Akustik eines Fotoateliers*

FOTOGRAF Ah, Sie wollen Ihr Bild abholen. Ist doch 'n hübsches Porträt geworden, nicht? Bisschen ernst, hätten ruhig etwas lächeln können. Hab das Profil etwas retuschiert. Sieht jetzt direkt nach was aus. Fünfzehn Mark. Danke schön.

*Ausblenden*

*Akustik einer Bahnhofshalle*

LAUTSPRECHER Gepäckträger zum Donaukurier. Gepäckträger zum Donaukurier.

FRAU Ich schreib direkt 'ne Karte, wenn ich ankomm, und denk an die Blumen.

MANN Vielleicht hat sie recht, ja sicher, wer weiß das schon.

ERSTE FRAU Ja, vom Dach gesprungen. Auf der Bergerstraße.
ZWEITE FRAU Tot?
ERSTE FRAU Natürlich.

MANN Man hat doch keine Ahnung. Man denkt sich nichts dabei, und dann ist es passiert.

LAUTSPRECHER Der Zug nach Wiesbaden hat 20 Minuten Verspätung. Der Zug nach Wiesbaden ...

*Langsam ausblenden*

*Akustik eines fahrenden Vorortzuges*

ERSTE FRAU Den ganzen Nachmittag in der Stadt rumgelaufen.
ZWEITE FRAU Hast du denn was erreicht?
ERSTE FRAU Muss morgen noch mal hin.

MANN Kannst ja kommen. Wir machen 'ne kleine Bowle im Garten. Wer weiß, wie lang sich das Wetter hält.

FRAU Die haben mich da in so 'n Komitee gewählt. Wegen der Schule. Na, mal sehen.

MANN Muss noch ’n bisschen was basteln. Bau da so ’ne Kinderschaukel. Die Ketten fehlen mir noch.

FRAU Wir gehen immer da am Hang spazieren. Da können die Kinder spielen, und man findet oft so seltene Blumen.

*Ausblenden*

## *Akustik eines Wohnzimmers*

EHEFRAU Na, da bist du ja wieder. Ist aber spät geworden. Habt ihr so lange konferieren müssen? Was habt ihr denn besprochen? Kannst du mir ruhig mal erzählen. Herbert hat ’n Brief aus der Schule mitgebracht, du sollst mal vorbeikommen. Wer weiß, was der da wieder angestellt hat. Du müsstest dich ’n bisschen mehr um ihn kümmern. Der ist jetzt in so ’nem Alter. Hast du ihn bei Weber angemeldet? Wegen der Klavierstunden? Nein? Naja, dann muss ich das eben machen. Ich hab Annegret mit ihrem Mann für Samstag eingeladen. Sind doch soweit ganz nett. Sicher, sie haben Fehler, Gott, wer hat die nicht.

Das Abendbrot steht in der Küche. Wusste ja nicht, wann du kommen würdest. Ich bring die beiden rasch ins Bett. Dann können wir uns noch ’n Stündchen in den Garten setzen. Ist der Tee noch warm?

*Ausblenden*

*Ende*

Achsensprung ist ein Terminus technicus des Films: »Die Bildseiten erscheinen vertauscht, die Personen scheinen ihre Plätze ohne ersichtlichen Grund ruckartig gewechselt zu haben, die miteinander sprechenden Personen schauen unmotiviert in falsche Richtungen und zeigen damit ein nicht deutbares Verhalten, das den Zuschauer irritiert.« (Filmlexikon)

Das diskontinuierliche indirekte Erzählen von *Porträt eines Nachmittags* findet im Fernsehspiel *Achsensprung* seine bildliche Entsprechung. Hier erzählt nicht nur eine Kamera wie in *Sonntag,* vorproduzierte Filme vieler Kameras verbinden sich über Bluebox mit den Kameras im Atelier zu neuen, sich vielfach übereinanderlagernden Bildern.

Die Geschichte ist einfach. Ein Mann, oberes Management, wird arbeitslos und bekommt durch Protektion eine neue Stellung, absetzbare und einsetzbare Macht, die sich bloßstellt und nur überlebt, weil sie Nutzen aus dem Aufstieg einer Frau zieht, der in Wirklichkeit ein Abstieg ist. Die Frau, die in ihrem städtischen Wirkungskreis Autorität und Ansehen genießt, offensichtlich sehr störende Eigenschaften, und die deshalb weggelobt wird zur funktionalen Abstimmungsmaschine des Landtags. Der intellektuelle Sohn, dessen Überheblichkeit doch dem professoralen Fachmann unterliegt. Und die Vergangenheit, der verstorbene Vater, die Kleinstadt, eine Zeit, in der es anscheinend noch so etwas wie Persönlichkeit gab und persönliche Autorität. Ein Spiel über die Frage: Was ist Vernunft? Und was ist vernünftig? Und wie sähe eine vernünftige Welt und ein vernünftiges Leben aus? Ein Spiel über den langsamen Tod und das Sterben in dieser und an dieser Luxuswelt.

Erinnerung an ein Bild. Die Frau sitzt in ihrem Wohnzimmer, sie sieht eine Fernsehrevue, gleichzeitig denkt sie an eine Sitzung des Stadtausschusses, dessen Mitglied sie ist. Der Zuschauer sieht sie in ihrem Wohnraum, sieht und hört das Fernsehprogramm, sieht und hört (über Bluebox) die Sitzung des Stadtausschusses – und im nächsten Bild sieht er, dass diese Szene ›in Wirklichkeit‹ auf der Terrasse des Hauses stattfindet, vor dem gleichen Fernsehprogramm. Das vorhergehende Bild war Erinnerung. *Achsensprung* besteht aus Bildern dieser Art, die ineinander verschachtelt sind, da ist Vergangenes und Zukünftiges gleich gegenwärtig, man kann auf verschiedenen Zeit- und Denkebenen gleichzeitig sein und doch bei einer Person bleiben, sogar in einer bestimmten Situation bleiben, in einer Realität, die zur Fiktion wird, zu Gedanken, Träumen, Erinnerungen, die wiederum Realität werden. Die Zeit ist aufgehoben, alle Möglichkeiten, Wünsche, Handlungen der Personen, real oder auch nur geträumt, spielen an einem Sonntag auf der Terrasse eines Einfamilienhauses. Von Anfang an ist aber klar, dass dieses Einfamilienhaus in einem Fernsehstudio aufgebaut ist, dass dies ein Spiel in einem Fernsehstudio ist.
Rolf von Sydow realisierte mit den Ingenieuren des Hauses diese technisch anspruchsvolle Produktion des Südwestfunks. Rosemarie Fendel und Herbert Fleischmann waren in ihrer Zurückhaltung zwei brillante Schauspieler.
Unvergessen die Stimme René Deltgens, der den Eingangsmonolog von Platon spricht.

»Forte hatte gesagt, sein Fernsehspiel handele von der Autoritätsfrage. War das der Fall, so wurde dem Zuschauer, der daran gewohnt ist, nicht selber zu kauen, sondern vorgekaute Resultate zu konsumieren, eine erhebliche Arbeit zugemutet. Daran gewöhnt, Autorität mit Personen zu verbinden, musste er zur Kenntnis nehmen, dass die Personalisierung hier abgelöst war durch eine Funktionalisierung der Autorität; nicht mehr erschien sie begründet in der Persönlichkeit des einen oder anderen Menschen, sondern nur noch in der einen oder anderen Funktion, deren Träger ja austauschbar sind. Also: Autorität ist unpersönlich und anonym geworden; wer sie zu haben scheint, dem wurde sie selbst nur leihweise und mithin widerruflich von einem wohl erkennbaren, aber kaum zu greifenden System verliehen.

Ich meine, Dieter Forte hat etwas Wichtiges herausgefunden und formal angemessen in eine Spielhandlung umgesetzt, was, jedenfalls für das Bewusstsein der Mehrheit, noch nicht bekannt war. Für den mit dieser Einschränkung neuen Inhalt sollte nun auch eine neue Form gefunden werden; denn ist der Inhalt neu, und soll die Form adäquat sein, muss konsequent auch die Form eine neue sein. Ist also Autorität weder person- noch persönlichkeitsgebunden, sondern übertragbar, und nur auf Widerruf zu haben, so wäre es verkehrt gewesen, etwa eine geradlinige Geschichte vom Verfall der Autorität oder vom Aufstand gegen sie zu erzählen. Vielmehr war es angemessen, jeden Ansatz, der in diese Richtung wies oder zu weisen schien, sofort zu zerstören: immer wieder erklangen gesprochene Texte losgelöst vom Sprecher, agierende oder bloß vorhandene Spielfiguren lösten sich aus der realen Umgebung, oder die Umgebung änderte sich, während die Personen statisch blieben, und die Einheit der Zeit wurde stets von neuem umgeworfen.

In der Tat, das war für viele Zuschauer sicher eine Zumutung. Vielleicht haben manche dieses raffinierte Spiel mit den Möglichkeiten des Bluebox-Fahrens nur ästhetisch genossen, vielleicht ließen sich andere von der überraschenden und doch so logischen Realisation auf optischem Sektor vom verbalen Inhalt ablenken.

Trotzdem bin ich der Meinung, dass inhaltlicher Anspruch und Übersetzung in die Form einander entsprachen – dass somit die Zumutung an den Zuschauer gerechtfertigt war. Mag der eine oder andere überfordert gewesen sein, so scheint mir das immer noch besser als die konsequente Unterforderung, die sonst geübt wird. In der Literatur nimmt seit Joyce und Musil niemand mehr Anstoß an dergleichen, ja, die Auflösung der Person in Funktionalismus ist ihrerseits schon fast zu einer Konvention geworden.

Im Medium Fernsehen war das bisher ausgeblieben. Jetzt ist es da und wird für künftige Fälle als Orientierung zu dienen haben. Wie übersetzt man das optisch, wenn an die Stelle der Person die Funktion getreten ist und der allen herkömmlichen Fernsehspielen formal zugrundeliegende Persönlichkeitsglaube durch Funktionalismus ersetzt wurde? Erste Antwort auf solche Fragen: Look at Dieter Fortes ›Achsensprung‹ in der Regie von Rolf von Sydow. Nach Inhalt und Form halte ich das Fernsehspiel ›Achsensprung‹ für besonders wichtig. Es bringt einen neuen Inhalt. Es bemüht sich um die Einheit von Inhalt und Form, wobei ganz natürlich Konventionen des Sehens und Hörens zerstört werden. Und es wirkt eben aus diesem Grunde erzieherisch auch im ästhetischen Bereich. Kann man noch mehr wollen?«

*Eckart Kronenberg*, epd

# Achsensprung
## *Ein Fernsehspiel*

## *Personen*

MANFRED LAHNSTEIN
ANNEGRET LAHNSTEIN, seine Frau
MICHAEL LAHNSTEIN, sein Sohn

1. VORSITZENDER
2. VORSITZENDER
1. PROFESSOR
FAHRER
1. DIREKTOR
1. ARBEITER
2. ARBEITER
BRUDER VON LAHNSTEIN
SEINE FRAU
BÜRGERMEISTER
1. BEWERBER
2. BEWERBER
3. BEWERBER
1. STUDENT
2. STUDENT
3. STUDENT
ALTE FRAU
2. PROFESSOR
TRÖDLER
FRAKTIONSVORSITZENDER
GESCHÄFTSFREUND
ALTER MANN
POLIZIST

EIN KIND

2. DIREKTOR

STIMMEN

***1 STUDIO***
***STUDIOLICHT: SOMMERMORGEN***

*Familie Lahnstein vor der Hauswand eines Bungalows. Auf der Terrasse zum Garten ein großer gedeckter Frühstückstisch, ein Sonnenschirm, einige gepolsterte Gartenstühle.*
*Frau Lahnstein liest in der Zeitung.*
*Herr Lahnstein liest ein Managermagazin.*
*Michael Lahnstein liegt in einem Gartenstuhl.*
*Kamerafahrt auf die Familie, über die Familie hinweg, über die Hauswand hinweg, ins dunkle Studio auf die leuchtende Bluebox und auf den Titel* ACHSENSPRUNG.

***2 STUDIO***

*Aus dem dunklen Studio Kamerafahrt durch die große offenstehende Glastür auf die Terrasse, auf Familie Lahnstein, auf einen Sommerhimmel / Bluebox.*

***3 BLUEBOX/SOMMERHIMMEL***

*Dazu das vergitterte Fenster eines Gefängnisses, langsamer Schwenk über eine graue Wand auf den Gartenstuhl, in dem Michael Lahnstein liegt. Er hat die Arme unter dem Kopf verschränkt und starrt bewegungslos nach oben. Während des Schwenks*

MÄNNERSTIMME *off* Aber du siehst doch nun, Sokrates, dass es nötig ist, auch um der Leute Meinung sich zu kümmern. Eben das Gegenwärtige zeigt ja genug, dass die Leute wohl vermögen das größte Übel zuzufügen, wenn jemand bei ihnen verleumdet ist.

*Abblende*

### *4 BLUEBOX/SOMMERHIMMEL*

*Dazu eine Tür, an der ein Schild angebracht ist ZENTRALSTELLE FÜR ARBEITSVERMITTLUNG (ZAV).*
*Langsamer Schwenk durch einen kahlen Raum auf den Gartenstuhl, auf dem Manfred Lahnstein sitzt. Er blättert in seinem Managermagazin. Während des Schwenks*

MÄNNERSTIMME *off* Keineswegs haben wir so sehr zu bedenken, was die Leute sagen werden von uns, sondern was derjenige sagt, der sich auf Gerechtes und Ungerechtes versteht und auf die Wahrheit selbst. So dass du schon hierin die Sache nicht richtig einleitest, wenn du vorträgst, wir müssten auf die Meinung der Leute vom Gerechten, Schönen und Guten und dem Gegenteil Bedacht nehmen. Aber doch, könnte wohl jemand sagen, haben die Leute es ja in ihrer Gewalt, uns zu töten.

*Abblende*

### *5 BLUEBOX/SOMMERHIMMEL*

*Langsamer Schwenk auf den Garten vor der Terrasse. Annegret Lahnstein steht vor einem Rosenstock und schneidet mit einer Gartenschere einige Rosen ab. Während des Schwenks*

MÄNNERSTIMME *off* So lange, o Kriton, haben wir, so bejahrte Männer, nicht bemerkt, dass wir im ernsthaftesten Gespräch miteinander doch nicht besser waren als Kinder. Oder verhält es sich so, wie wir damals sagten, die Leute mögen es nun annehmen oder nicht, und es mag uns deshalb noch härter ergehen als jetzt oder auch besser, das Unrechttun ist dem, der es tut, schädlich und schändlich auf alle Weise? Wollen wir dies sagen oder nicht?

*Abblende*

## *6 GEFÄNGNISZELLE*

*Michael Lahnstein liegt auf einer Pritsche.*
*Bluebox Studentendemonstration im Stadtinneren.*
*Menschenkolonnen in einer Straße.*

RICHTER *off* Der Student Michael Lahnstein wird angeklagt, an der Ecke Berliner Allee/Bahnstraße sich nicht so verhalten zu haben, dass kein anderer mehr, als nach den Umständen unvermeidbar, behindert und belästigt wurde, indem er während einer Demonstration von mehreren hundert Personen, die den zu dieser Zeit sehr starken Fußgängerverkehr völlig zum Erliegen gebracht hatten, den vielfach wiederholten Aufforderungen der Polizeibeamten zum Räumen der Kreuzung keine Folge leistete und trotz persönlicher Ansprache durch den Zeugen Polizeimeister Hinkel auch dann noch stehenblieb, als eine Polizeikette zur Räumung des Kreuzungsbereiches eingesetzt wurde.
Der Angeklagte war daher als überführt anzusehen, vorsätzlich durch die Weigerung weiterzugehen, obwohl das durchaus möglich war, die Passanten auf der Straße behindert und belästigt zu haben.

*Die Polizeikette.*
*Unverständliche Sprechchöre.*
*Polizei und Studenten geraten aneinander.*
*Prügeleien.*
*Wasserwerfer im Einsatz.*
*Polizeifahrzeuge.*
*Menschen.*
*Die Kamera fährt auf die Bluebox zu. Sie entdeckt Michael in der ersten Reihe, eingehakt mit anderen Studenten.*
*Die Reihe löst sich auf. Polizisten laufen hinter den Demonstranten her.*

## *7 BÜRO DER ARBEITSVERMITTLUNG*

*Lahnstein schaut aus dem Fenster auf eine stark belebte Fußgängerzone.*
*Bluebox: Frauen, Männer gehen an Schaufenstern vorbei, tragen Plastiktüten, sitzen auf Bänken.*
*Die Kamera fährt auf die Bluebox zu und entdeckt Lahnstein, der sich langsam durch die vielen Menschen schiebt.*

BEAMTER *off* Zweiundfünfzig. Zweiundfünfzig. Ja, das ist so ein Alter. Als ehemaliger Personalchef kennen Sie ja das Problem. Die Männer mit den langjährigen Erfahrungen. Natürlich, Persönlichkeiten, Persönlichkeiten werden immer gesucht. Sie hätten eher gehen sollen. Bei den kleinsten Anzeichen, dass es in der Firma nicht mehr so läuft, sofort kündigen. Leute, die direkt zu haben sind, will keiner. Wenn Sie erst in drei Monaten frei wären, könnte man Sie leichter unterbringen. Falls Sie zu einem Personalberater gehen wollen, sagen Sie es mir lieber. Es macht sich nicht gut, wenn Sie von mehreren Stellen gleichzeitig angeboten werden, der Markt ist eng. Wir tragen Sie dann in unsere Kartei ein.

## *8 STRASSE*

*Michael läuft durch eine Straße. Er blutet aus der Nase. Er läuft weiter.*
Rufe von Passanten. Unverständliche Stimmen.

## *9 FUSSGÄNGERZONE*

*Lahnstein zwischen den Passanten.*

DIE STIMMEN DER PASSANTEN *off*
FRAU Die Miete, die Abzahlungen, da bleibt doch nichts.
MANN Früher hatte man wenigstens noch Überstunden.
MÄDCHEN Komm doch mit heut Abend.
FRAU Wenn man mal rauskönnte. Aber was soll man tun?
MANN Die ganzen Jahre. Und jetzt?
FRAU Er spricht schon lange nicht mehr.

## *10 WOHNZIMMER*

*Frau Lahnstein steckt Rosen in eine Vase.*

## *11 INVESTORS-CLUB*

*Michael kommt herein. Ein Taschentuch vor der blutenden Nase.*
*Er setzt sich.*
*Er sieht seinen Vater an einem anderen Tisch, steht auf und setzt sich zu ihm.*

MICHAEL Was machst du denn hier?
LAHNSTEIN Und was machst du hier?
MICHAEL Demonstration. Hier drin suchen sie einen nicht.

LAHNSTEIN Demonstration wogegen?

MICHAEL Gegen eine gewisse Firma, die mit einem anderen Unternehmen fusioniert und bei der Gelegenheit 2000 Arbeiter auf die Straße setzt.

LAHNSTEIN 1873 ist die exakte Zahl.

MICHAEL Und der Herr Personalchef sitzt hier und schaut sich die exakten Kurse an – Stehen deine Aktien gut?

LAHNSTEIN Sie steigen. Die Börse rechnet mit einem Rationalisierungseffekt, der auf die Gewinnsituation des Unternehmens durchschlagen wird.

MICHAEL Schön, dass die Börse damit rechnet. Den durchschlagenden Effekt habe ich schon gespürt.

LAHNSTEIN Man muss auch damit rechnen.

MICHAEL Und du ruhst dich aus?

LAHNSTEIN Ich ruh mich aus.

MICHAEL Alle Kündigungsbriefe verschickt?

LAHNSTEIN Alle, ausnahmslos.

MICHAEL Und jetzt sitzt du hier.

LAHNSTEIN Und jetzt sitze ich hier.

MICHAEL Hat man dich auch entlassen?

*Lahnstein schaut auf die Kurse des Börsenfernsehers.*
*Die Kamera fährt auf das Fernsehbild zu. Bildfüllend: die Zahlen von der Börse.*

## *12 WOHNZIMMER*

*Bildfüllend eine Fernsehreportage über ein Obdachlosenasyl.*
*Die Kamera zieht auf.*
*Frau Lahnstein sitzt in einer Sofaecke, schaut den Bericht aufmerksam an und spielt dabei an ihrer langen Halskette.*

REPORTER Und wie lange sind Sie schon hier?

DICKE FRAU Zehn Jahre. Und am Anfang hieß es, nur für drei Monate, als Übergangszeit, das ist 'ne schöne Übergangszeit, suchen die 'ne Villa für uns?

REPORTER Warum sind Sie hier?

DÜNNE FRAU Wir haben acht Kinder, deswegen sind wir hier. Acht Kinder nimmt keiner in sein Haus.

JUNGE FRAU Wenn wir sagen, dass wir hier aus dem Lager kommen, dann nimmt uns sowieso keiner.

ALTER MANN Wir haben in einem Sanierungsgebiet gewohnt, schön gewohnt haben wir da, dann haben sie das saniert, dass keiner mehr die Miete zahlen konnte, nun hängen wir hier.

JUNGE FRAU Und wer saniert jetzt das hier?

DICKE FRAU Das ist der Stadt doch egal, ob wir hier verkommen.

REPORTER Frau Lahnstein, Sie sind im Sozialausschuss der Stadt, Sie haben die Vorwürfe der Leute gehört, sind der Stadt die Zustände in diesem Obdachlosenasyl wirklich egal?

*Die Kamera fährt auf das Fernsehbild zu.*

FRAU LAHNSTEIN Die Stadt muss sich um diese Zustände kümmern, und sie wird sich um diese Zustände kümmern. Der Sozialausschuss hat auf meinen Antrag hin eine Sondersitzung einberufen, um endgültig eine Lösung für die hier wohnenden Menschen zu finden. Vielleicht hilft dieser Bericht, den Herren die Situation einmal drastisch vor Augen zu führen.

*Bildfüllend: Das Gesicht von Frau Lahnstein im Fernsehen.*

## *13 BLUEBOX/SITZUNGSZIMMER*

*Groß: Das Gesicht von Frau Lahnstein. Die Kamera zieht auf. Sie sitzt mit mehreren Herren an einem großen runden Tisch und spielt nervös an ihrer Halskette.*

*Gleichzeitig sitzt sie vor der Bluebox in ihrem Wohnzimmer, genau wie in der vorigen Szene und schaut sich im Fernsehen eine aufwendige Show an.*

1. VORSITZENDER Sehr verehrte gnädige Frau, Ihr Engagement in allen Ehren, aber finden Sie nicht, dass Ihr Fernsehinterview denn doch etwas zu weit geht?

2. VORSITZENDER Vor allem, wenn einem dabei so drastisch vor Augen geführt wird, dass der Sozialausschuss eine Sondersitzung einberufen hat. Ich wusste bisher nichts davon.

FRAU LAHNSTEIN Hauptsache, die Sondersitzung findet wirklich statt.

2. VORSITZENDER Ein wenig außerhalb der üblichen Gepflogenheiten, aber einer Dame muss man wohl gelegentlich etwas nachsehen.

1. VORSITZENDER Liebe gnädige Frau, Ihr Engagement in allen Ehren –

FRAU LAHNSTEIN Lieber Kollege, sprechen wir doch konkret über die Sache.

1. VORSITZENDER Gerne. Aber dann wissen Sie auch, dass die Sache so einfach nun auch wieder nicht ist. Wir sprechen ja nicht zum ersten Mal darüber.

FRAU LAHNSTEIN Dann müssen wir eben noch einmal darüber reden.

2. VORSITZENDER Was soll man denn da überhaupt machen? Baut man Wohnungen für diese Leute, ziehen in die Siedlung neue Asoziale ein. Reißt man die Siedlung ab, kommen die Studenten und machen auch ihr Geschrei.

1. VORSITZENDER Sie wissen genau, der gesamte Etat der Stadt ist gekürzt worden. Ihre menschlichen Bemühungen sind zwar sehr schön, aber sehen Sie das bitte doch einmal von der finanziellen Seite an. Menschlichkeit kostet Geld, viel Geld.

FRAU LAHNSTEIN Ich schlage vor, wir sprechen über das Geld lieber an Ort und Stelle. Hier in diesem Raum ist die Menschlichkeit vielleicht etwas abstrakt.

2. VORSITZENDER Was, auch noch eine Besichtigung? Die Fälle sind doch alle erfasst. Sie können die Akten gerne einsehen.

FRAU LAHNSTEIN Die kenne ich auswendig.

1. VORSITZENDER Also gut, Ortsbesichtigung. Sonst rennt unsere liebe Kollegin noch zur Presse. Hab ich recht?

FRAU LAHNSTEIN Sie haben recht, lieber Kollege.

*Bildfüllend: Die Fernsehshow. Laute Musik.*

## *14 TERRASSE*

*Laute Musik. Bildfüllend: Die Fernsehshow. Die Hand Michaels kommt ins Bild und schaltet ein Portable aus.*
*Er stellt das Fernsehgerät weg.*

FRAU LAHNSTEIN Das wurde auch langsam Zeit.

*Michael geht zum Frühstückstisch. Seine Eltern lesen Zeitungen. Er nimmt sich einen Teil der Zeitung und blättert sie durch.*
*Frau Lahnstein will ihrem Mann eine Zeitungsseite geben.*

FRAU LAHNSTEIN Die haben deinen Vortrag abgedruckt.

HERR LAHNSTEIN *winkt ab* Ich kenn ihn ja.

MICHAEL Das hier ist vielleicht interessanter.

*Er liest aus der Zeitung vor.*

Für unsere Firma suchen wir den Leiter des Fachbereichs Personalplanung. Wir möchten diese Position mit einem Herrn oder einer Dame besetzen – ca. 35 Jahre alt – mit abgeschlossenem Hochschulstudium in Wirtschafts-, Rechts- oder Sozialwissenschaft sowie mehrjähriger praktischer Erfahrung im Bereich der Personalplanung.

FRAU LAHNSTEIN Was soll denn das?

MICHAEL Ich dachte, es interessiert jemand.

HERR LAHNSTEIN Vielleicht bewirbst du dich.

MICHAEL *liest weiter* Schwerpunkte der Aufgabenstellung sind: Konzeption mittel- und langfristiger Personalstrategien, Personalbedarfsanalyse und -planung, Stellenbeschreibung und -bewertung nach analytischem und summarischem Verfahren, Entwicklung von Unterscheidungsmerkmalen für die Personalausbildungsplanung, Bewertung und reibungslose Abstimmung von Maßnahmen der innerbetrieblichen Schulung und Fortbildung, Aufstellung und Fortführung von Stellenplänen. Persönlichkeit, Initiative, organisatorisches Geschick, Kreativität und Einfühlungsvermögen sind für die Position unentbehrlich.

## *15 KONGRESS-SAAL*

*Herr Lahnstein hält einen Vortrag vor einem großen Auditorium.*

HERR LAHNSTEIN Denn jeder Erfolg ist letztlich nur so groß wie das Leistungspotential aller Mitarbeiter. Dieses Potential den permanent steigenden Erfordernissen anzupassen ist eine verantwortungsvolle Aufgabe, die Selbständigkeit, Überzeugungsvermögen und kooperativen Arbeitsstil verlangt. Diese Grundsätze werden auch nicht überflüssig bei einer Wirtschaftslage, die durch eine Entspannung am Arbeitsmarkt gekennzeichnet ist. Die dadurch hervorgerufene veränderte Motivationslage bewirkt eine Steigerung der Arbeitsmoral auf allen Gebieten und dadurch eine Erhöhung der Leistung. Falsch wäre es, diese Zeit mit ihren vermehrten Unsicherheitsfaktoren dazu zu benützen, einen überholten autoritären Führungsstil wieder einzuführen.
In einem Lexikon der Jahrhundertwende steht unter dem Stichwort Autorität: Der respekteinflößende geistige Einfluss, den der Besitz überlegener Macht oder anerkannter, hervorragender Einsicht, Weisheit und Tugend verschafft.
In einem Lexikon unserer Zeit steht unter dem gleichen Stichwort: Ansehen und Einfluss einer Person innerhalb ihres Wirkungsbereichs, maßgeblicher Fachmann. Auch Sachgegebenheiten kann Autorität zukommen, zum Beispiel religiösen oder wissenschaftlichen Einrichtungen, Sinnbildern, Flaggen.
*Ab hier spricht Lahnstein im off. Man sieht bereits die Bilder vom nächsten Take.*

Es scheint mir doch für uns alle von größter Wichtigkeit zu sein, wenn wir den Weg zur echten Autorität zurückfinden, durch die Entwicklung der Persönlichkeit, durch das direkte Gespräch miteinander, durch die unmittelbaren Beziehungen von Mensch zu Mensch.

## *16 OBDACHLOSENASYL*

*Ende der Rede von Lahnstein von 15.*
*Der Sozialausschuss geht als geschlossene Gruppe durch das Obdachlosenasyl.*
*Frau Lahnstein löst sich aus der Gruppe und bleibt bei einigen Frauen stehen, die sie begrüßt.*
*Der Sozialausschuss geht weiter.*
*Die Bewohner der Siedlung schauen stumm hinter den Herren her.*
*Eine Frau füllt einen Eimer mit Wasser an einem im Freien stehenden Wasserhahn.*
*Ein Mann geht von einem schmutzigen Flur in ein Zimmer, das voller Wäsche hängt.*
*Eine Toilette ohne Tür.*
*Ein Ofen, aus dem Rauch steigt.*
*Eine alte Frau, die bewegungslos in einer Zimmerecke sitzt.*
*Durch eine zerschlagene Fensterscheibe sieht man Kinder mit einem Hund spielen.*
*Ein großer Müllhaufen.*
*Der Sozialausschuss steht in der Nähe des Müllhaufens und wartet auf Frau Lahnstein.*

2. VORSITZENDER Also so geht das ja nun auch nicht. Wenn Frau Lahnstein hier einziehen will, soll sie es sagen.

1. VORSITZENDER Vorgestern ist der alte Weber gestorben. Da ist jetzt ein Platz auf der Landesliste frei.
*Ab hier bereits die Vorlesung des Professors (off) aus Take 17.*

*Die Kamera zeigt die ›Straße‹ des Lagers. Aus einigen Baracken quillt gelblicher Qualm.*
*Kinder ziehen einen Kinderwagen ohne Räder über die holprige Straße. Ein alter Mann hämmert an einem Zaun, der so etwas wie einen Vorgarten umschließt. In der Ferne steht Frau Lahnstein und spricht mit einigen Bewohnern der Siedlung.*

## *17 SEMINAR*

*Hier noch die Bilder vom vorhergehenden Take 16.*

PROFESSOR Somit hat alles in Sokrates seinen Anfang und seinen Ursprung. Und ganz besonders der eigentliche Kernpunkt der griechischen Philosophie: Die Idee der Wissenschaft als Wissenschaft. Religion gibt es überall, Kunst gibt es überall, es ist die Idee der Wissenschaft, die Europa der Welt gebracht hat. Und es ist Sokrates gewesen, der mit seinen Fragen nach dem was ist, mit der logischen Durchleuchtung jeder Aussage als Erster diesen Weg beschritten hat. Für Hegel ist Sokrates eines der entscheidenden Ereignisse in der Weltgeschichte. Er schreibt über ihn: ›Er ist Hauptwendepunkt des Geistes in sich selbst.‹ Zum ersten Mal in der Geschichte des Geistes erkennt das Individuum sein eigenes Recht. Was gut ist, das muss jeder mit seinem eigenen Gewissen ausmachen und vor sich selbst rechtfertigen.
*Michael mit anderen Studenten an einem langen Tisch sitzend. Am Kopfende des Tisches ein Professor, der aus einem Manuskript vorliest.*
Besonders wichtig ist auch das Verhältnis Nietzsches zu Sokrates. In seiner frühen Schrift ›Geburt der Tragödie‹ nennt er ihn mit einer glanzvollen Formulierung ›Das Wappenschild, das über dem Eingangstor der Wissenschaft einen jeden an deren Bestimmung erinnert, nämlich das Dasein als begreiflich und damit als gerechtfertigt erscheinen zu lassen‹.

MICHAEL Aber in seinen späteren Schriften lehnt Nietzsche Sokrates doch eindeutig ab. Er bezeichnet ihn sogar als einen Moment der tiefsten Perversität in der Geschichte der Werte.

PROFESSOR Ich spreche hier über die ›Geburt der Tragödie‹.

MICHAEL Aber Sie können die späteren Schriften doch nicht einfach unterschlagen.

PROFESSOR Mir erscheint Nietzsches Stellungnahme in seiner frühen Schrift, als er noch abzuwägen wusste, die bessere Sicht. Die hasserfüllten Schriften seiner späteren Jahre halten einer sachlichen Nachprüfung wohl nicht stand.

MICHAEL Aber das ist doch eine Unterstellung Ihrerseits.

PROFESSOR Ich unterschlage und unterstelle nichts. Ich darf jetzt wohl fortfahren.

MICHAEL Ich würde aber gerne wissen –

PROFESSOR Und ich würde gerne meinen Exkurs beenden.

MICHAEL Das ist ein Seminar und keine Vorlesung.

PROFESSOR Ich danke Ihnen für die Belehrung.

*Er steht auf, nimmt sein Manuskript und verlässt den Raum.*

### *18 AUTOFAHRT*

*Herr Lahnstein kommt aus einem Flughafengebäude.*
*Sein Fahrer hält ihm die Wagentüre auf, Lahnstein steigt in das Auto und lässt sich auf die hintere Sitzbank fallen.*
*Der Fahrer schließt die Tür, läuft um den Wagen herum und setzt sich auf den Fahrersitz.*
*Der Wagen fährt an.*

FAHRER Hatten Sie einen guten Flug?

LAHNSTEIN Ja, danke.

*Der Fahrer schaut aus dem Seitenfenster und fährt in eine Zubringerstraße ein.*

LAHNSTEIN Etwas Neues?

FAHRER Für mich ja, für Sie wohl nicht.

LAHNSTEIN Wie bitte?

FAHRER Nun können Sie doch darüber reden, wo es in der Zeitung steht.

LAHNSTEIN Was steht in der Zeitung?

FAHRER Dass die Firma aufgekauft worden ist. Fusion.

*Der Fahrer nimmt eine Zeitung vom Nebensitz und reicht sie Lahnstein nach hinten.*

*Lahnstein starrt auf die Zeitungsmeldung.*

*Der Fahrer beobachtet Lahnstein im Rückspiegel. Lahnstein schließt für einen Moment die Augen.*

FAHRER Haben Sie das etwa nicht gewusst?

LAHNSTEIN Doch doch, ich wusste es.

*Er legt die Zeitung weg.*

*Der Wagen hält vor dem Hauptportal eines Hochhauses.*

*Der Fahrer steigt aus dem Wagen und öffnet Lahnstein die Tür.*

*Lahnstein steigt aus dem Auto und bleibt einen Moment vor dem Hochhaus stehen. Er schaut nach oben.*

*Das Hochhaus. In seiner Glaswand spiegeln sich ein blauer Himmel und ziehende Wolken.*

## *19 TERRASSE*
## *BLUEBOX/SOMMERHIMMEL*

*Die Kamera schwenkt auf ein Ölbild (Naive Malerei, ein Bauerndorf im Hochsommer, Bauern in dalmatinischen Trachten)*
*Frau Lahnstein steht vor der Staffelei und malt. Herr Lahnstein sitzt in einem Sessel hinter ihr.*

HERR LAHNSTEIN Hattest du Ärger mit deinen Herren?

FRAU LAHNSTEIN Das Übliche.

HERR LAHNSTEIN Hast du etwas erreicht?

FRAU LAHNSTEIN *zuckt mit den Schultern*

*Pause*

FRAU LAHNSTEIN Was macht die Fusion?

HERR LAHNSTEIN Die Fusion läuft.

FRAU LAHNSTEIN Schwierigkeiten?

LAHNSTEIN Eigentlich nicht. Das Schwierigste ist immer, dass die Leute das alles einsehen. Sie stehen plötzlich ohne ihre Arbeit da, aber wenn die Arbeit keinen Gewinn abwirft? Der Betriebsrat nannte mich unmenschlich. Vielleicht ist es unmenschlich, aber es ist vernünftig.

*Pause*

*Die Kamera schwenkt auf die Bluebox.*

Dass das Vernünftige unmenschlich sein kann.

## *20 DIREKTIONSBÜRO*

*Im Vordergrund Lahnstein in seinem Sessel, seitlich angeleuchtet. Im Hintergrund (Bluebox) die Szene im Büro: Lahnstein und sein Direktor.*

LAHNSTEIN Die Fusion ist ein Akt der Vernunft. So müssen wir das auch der Öffentlichkeit verkaufen. Entlassungen sind subjektiv zwar schwierig für den Einzelnen, objektiv aber richtig für das Ganze. Haben Sie mein Papier schon gelesen?

DIREKTOR Es ist ganz in meinem Sinn.

LAHNSTEIN Wir haben zu viele Nebenbetriebe. Die Produkte sind zwar gut, aber doch ohne große Rendite. Also schließen. Dafür Konzentration auf die Produktlinien, die noch wirklich Gewinn machen, und dort rationalisieren. Allein durch Personaleinsparungen können wir die laufenden Unkosten um ca. 15 % vermindern. Die Kapitalrendite würde um 0,5 % steigen und in den nächsten Jahren eine erhöhte Eigenfinanzierung ermöglichen. Die neuen Investitionen erbringen bei einer höheren Produktion niedrigere Stückkosten und damit endlich eine Verbesserung der Gewinnsituation.

DIREKTOR Der Aufsichtsrat sieht das genauso.

LAHNSTEIN Ich habe schon mit dem Betriebsrat gesprochen.

DIREKTOR Das ist nicht mehr nötig.

LAHNSTEIN Das ist sehr wichtig.

DIREKTOR Schon. Aber das macht der neue Personalchef.

LAHNSTEIN Der neue?

DIREKTOR Unser Fusionspartner bestand darauf. Die haben da ihren eigenen Mann. Soll angeblich sehr gut sein. Nichts gegen Sie. Wie das eben so ist.

LAHNSTEIN Und eine andere Aufgabe?

DIREKTOR Nein. Sie kennen ja die Lage.

LAHNSTEIN Ich dachte –

DIREKTOR Ihr Papier ist wirklich ausgezeichnet. Und Sie haben daher sicher Verständnis für die Situation. Wie haben Sie da geschrieben, objektiv, subjektiv. Ein Akt der Vernunft.

*Die Kamera schwenkt von der Bluebox weg auf die Terrasse.*

HERR LAHNSTEIN Als wir damals in dem Dorf waren, hat es geregnet. Und die Bauern trugen keine Tracht. Sie waren ganz durchnässt und ihre Schuhe voll Schlamm.

FRAU LAHNSTEIN Ich weiß, aber es hätte auch so aussehen können, und es ist schön so. Es muss ja nicht immer regnen.

*Sie betrachtet das Bild und setzt sich.*

*Die Kamera schwenkt auf die Bluebox.*

## 21 *SITZUNGSSAAL*

*Im Vordergrund Frau Lahnstein, in ihrem Sessel seitlich angeleuchtet. Im Hintergrund (Bluebox) die Szene im leeren Sitzungssaal: Frau Lahnstein und der Vorsitzer des Sozialausschusses.*

FRAU LAHNSTEIN Es ist doch noch einer vor mir auf der Landesliste.

VORSITZER Der Kollege wäre ganz froh, wenn er verzichten

könnte, er fühlt sich der Sache nicht gewachsen. Da hab ich gleich an Sie gedacht, verehrte Kollegin.

FRAU LAHNSTEIN Es wäre besser gewesen, Sie hätten mich vorher gefragt.

VORSITZER Der Landtag. Das ist doch eine einmalige Chance für Sie und Ihre Anliegen. Stadtparlament, Sozialausschuss gut und schön, aber was kann man da schon erreichen. Der kommunale Alltag, Kleinkram, praktikable Lösungen, die kein Geld kosten dürfen. Im Landtag macht man die Gesetze.

FRAU LAHNSTEIN Aber hier haben wir die Probleme.

VORSITZER Als Abgeordnete im Landtag haben Sie doch ganz andere Möglichkeiten. Sie können landesweit wirken. Sie können grundsätzlich wirken. Da können Sie doch noch etwas verändern.

*Die Kamera schwenkt von der Bluebox weg auf die Terrasse.*

## 22 TERRASSE

*Herr Lahnstein steht auf, nimmt eine Farbtube und drückt sie über dem Bild aus.*
*Groß das verschmierte Bild.*

MICHAEL *off* Die möglichst vollständige Anpassung des Subjekts an die verdinglichte Autorität der Ökonomie ist zugleich die Gestalt der Vernunft in der bürgerlichen Welt, wie Horkheimer sagt.

## *23 KNEIPE*

*Michael steht mit 2 Arbeitern an einer Theke.*

1. ARBEITER Det mag ja och so sein, wie der Mann det sagt, aber nu veränder det ma mit die Vernunft. Mit eure Sprüche macht ihr da och nischt dran.

2. ARBEITER Und mit eure Flugblätter am Fabriktor.

1. ARBEITER Ihr redet einem doch nur die Köppe heiß. Und denn?

MICHAEL Das ist ja auch schon mal was. Dass wir hier stehen und miteinander reden.

1. ARBEITER Ja det is wat. Wat det schon is. Wir ham den janzen Tag den Scheißdreck um die Ohren und stecken bis zum Hals in de Klemme. Da red ma drüber.

MICHAEL Das ist doch der erste Schritt –

1. ARBEITER Ick hab dieselben Sorgen wie früher. Is da wat anders jeworden?

MICHAEL Es könnte anders werden.

1. ARBEITER Ja ick weeß. Solidarität.

2. ARBEITER Wenn ick det schon höre, Solidarität. Ick bin Arbeiter.

MICHAEL Na und?

2. ARBEITER Wir sind eben so erzogen worden. Du bist eben so erzogen worden. Und so schnell ändert sich det nich.

MICHAEL Von selbst ändert sich gar nichts.

2. ARBEITER Brauchste mir nich zu sagen.

MICHAEL Man kann nicht immer sagen, so ist das nun mal. Ich bin so erzogen worden. Davon muss man sich freimachen.

2. ARBEITER Ja, mach ick mir frei. Übernehm ick die Fabrik und stell deinen Vater als Rausschmeißer ein.

MICHAEL Das ist doch Quatsch.

1. ARBEITER Natürlich is det Quatsch. Deswegen lassen wirs ja och.

MICHAEL Resignation ist auch keine Lösung.

1. ARBEITER Davon is keene Rede. Aber det alles so auf einmal, wie solln ma det machen mit unserem täglichen Scheiß. Wie solln det gehn? Befreiung und so. Du hast jut reden. Du bist frei.

MICHAEL Ich bin auch nicht frei.

1. ARBEITER Du kannst doch machen, wat de willst. Du machst deenen Doktor, und ick steh weiter an de Maschine. Ick kann nich sagen, ick geh morgen studieren. Gehst du dann an meene Maschine?

MICHAEL Das ist doch nicht meine Schuld.

1. ARBEITER Is det vielleicht meene Schuld? Det alles Scheiße is, hab ick vorher och gewusst.

MICHAEL Du tust grad so, als ob es dir jetzt schlechter geht, nur weil wir miteinander diskutiert haben.

1. ARBEITER Natürlich gehts mir schlechter, weil mir det jetzt immerzu im Kopp rumgeht, und ick kann et doch nich ändern.
*Er nimmt sein Bier und geht aus dem Bild.*

2. ARBEITER Muss eben jeder sehn, wie er seine Mäuse zusammenkriegt. Det isset.

MICHAEL Aber diese Ausweglosigkeit –

2. ARBEITER Dreht sich eben allet ums Geld.

MICHAEL Aber darüber haben wir doch so oft gesprochen.

2. ARBEITER Denn weeßte ja Bescheid.
*Er nimmt sein Bier und geht aus dem Bild.*
*Michael geht zu einem alten Radio, das an der Wand hängt. Er dreht es lauter, man hört die Stimme eines Rundfunksprechers.*
*An der Wand neben dem Radio hängen einige Ansichtskarten. Die Kamera fährt auf eine Ansichtskarte von Venedig zu. Die Ansichtskarte bildfüllend.*

RADIOSTIMME *off* Wir sprechen über eine Welt, die vom Tode bedroht ist. Wir haben es in der Hand, die Menschheit auszulöschen. Die Lagerbestände an Nuklearwaffen besitzen die Explosivkraft von 10 bis 15 Tonnen TNT für jeden Menschen auf dieser Erde.

## *24 BLUEBOX/ANSICHTSKARTE VENEDIG*

RADIOSTIMME *off* Jeder Atomreaktor produziert als Abfall Plutonium 239, die giftigste Substanz, die wir kennen, das Material für die Herstellung von Atombomben. 2 Kilo davon genügen, um eine solche Bombe herzustellen. Also eine Menge, die man ohne weiteres in einer Einkaufstasche aus dem Laboratorium heraustragen kann.

## *25 BLUEBOX/ANSICHTSKARTE VENEDIG*

*Vor der Bluebox Familie Lahnstein, sich in Liegestühlen auf einem Schiffsdeck sonnend.*

RADIOSTIMME *off* Der Abfall der Atomkraftwerke wird das Leben auf der Erde für eine halbe Million Jahre gefährden. Die menschliche Zivilisation ist vielleicht zehntausend Jahre alt, und wir produzieren Gift, das dreihunderttausend, vierhunderttausend Jahre sicher gelagert werden muss.

## *26 KÜCHE*

*Frau Lahnstein bedient eine elektrische Küchenmaschine in ihrer Küche.*

RADIOSTIMME *off* Das Treibgas unserer bequemen Sprays zerstört in einer Kettenreaktion die drei Millimeter starke Ozonschicht in der Atmosphäre. Diese Ozonschicht bewahrt uns vor der Strahlung aus dem Weltraum, die nicht nur jedes Leben tötet, sondern auch die Proteine und die Nukleinsäuren, die Bausteine des Lebens.

## *27 GARTEN*

*Herr Lahnstein mäht mit seinem elektrischen Rasenmäher den Rasen in seinem Garten.*

RADIOSTIMME *off* Ein anderes Problem ist die Bevölkerungsexplosion. Selbst wenn eine Geburtenkontrolle erreicht werden könnte, läge die Weltbevölkerung im Jahre zweitausendeinhundertzwanzig immer noch bei 13 Milliarden. Jetzt beträgt sie 3,7 Milliarden. Und wir verfüttern unsere Getreide Schweinen und Rindvieh, anstatt hungrige Menschen damit zu ernähren, nur damit wir die Nachfrage nach Fleisch befriedigen können.

## *28 TERRASSE*

*Die leere Terrasse im Mittagslicht eines Sonnentags.*

RADIOSTIMME *off* Auf der ganzen Welt nimmt die Arbeitslosigkeit zu. Es ist nicht mehr so, dass Leute vorübergehend arbeitslos sind, sie werden überhaupt nicht mehr gebraucht. Sie sind nutzlos. Sie sind überflüssig. Die Weltbank schätzt ihre Zahl auf fünfhundert Millionen. Fünfhundert Millionen Menschen, die überflüssig sind.

Es könnte natürlich sein, dass die Erde alle Katastrophen überlebt, dass die Natur sich als stärker erweist. Aber ob wir dann noch da sein werden, das ist die Frage, die kein Mensch beantworten kann. Es könnte durchaus sein, dass der Mensch auch für die Natur überflüssig ist.

## *29 AUTOFAHRT*

*Lahnstein schaltet das Autoradio aus. Er fährt mit seinem Wagen über eine Landstraße. Seine Frau und sein Sohn sitzen auf der Hinterbank. Alle tragen Trauerkleidung. Es regnet. Die Scheibenwischer fahren über die beschlagene Frontscheibe.*

MICHAEL Wann habt ihr Großvater zuletzt gesehen?
FRAU LAHNSTEIN Vor einem Jahr.
MICHAEL Lange her.
FRAU LAHNSTEIN Es war wenig Zeit.
MICHAEL Jetzt hättet ihr doch Zeit gehabt.
FRAU LAHNSTEIN Wieso?
MICHAEL Wenn man arbeitslos ist.
*Die entgegenkommende Landstraße.*
*Das Geräusch der Scheibenwischer.*
*Das leise Summen des Motors.*
*Die Zeiger am Armaturenbrett.*
*Die langsam vorbeiziehenden herbstlichen Felder.*
*Während dieser Einstellung hört man die Stimme des Pfarrers im off.*
PFARRER *off* So nehmen wir denn Abschied von dem Mann, dessen Persönlichkeit unsere kleine Stadt so sehr geprägt hat, der seine Pflicht tat als Bürgermeister, als Kirchenvorsteher, der unter uns gelebt hat als Handwerksmeister, als Schützenbruder, als Freund unter Freunden.

## *30 KIRCHE*

*Die Kamera fährt langsam an der Kirchenbank vorbei, in der Familie Lahnstein zusammen mit einigen Verwandten sitzt. Während der Fahrt Orgelmusik.*
*Die Kamera zeigt den blumengeschmückten Sarg, der langsam versinkt.*

## *31 WOHNZIMMER*

*Lahnstein in der Wohnung seines Bruders. Er steht mit ihm an einem Fenster.*
*Sie schauen auf den Hof einer Tischlerei. Ein Arbeiter schiebt Latten auf einen kleinen Lastwagen.*

BRUDER Als ich den Betrieb von Vater übernahm, habe ich mich auf Türen spezialisiert. Aber zur Zeit ist das Geschäft wie tot. Ich hab dreihundert Türen auf Lager. Rechne dir das mal aus. Das Kapital, die Zinsen. Jetzt mach ich Särge.
LAHNSTEIN *lehnt seine Stirn leicht an die Fensterscheibe* Ist Vater auch in so einem…
BRUDER Ja.

## *32 WOHNZIMMER*

*Die Frauen decken den Kaffeetisch.*

FRAU DES BRUDERS Dein Mann ist so seltsam.
MICHAEL Kein Wunder.
FRAU LAHNSTEIN Es ist nichts. Er ist überlastet.
MICHAEL *zu seiner Mutter* Überlasteter Arbeitsloser.
FRAU LAHNSTEIN Das verstehst du nicht.
MICHAEL Ich bin nicht mehr zehn.
FRAU LAHNSTEIN Aber auch nicht zweiundfünfzig.

## *33 HOF DER SCHREINEREI*

*Lahnstein und sein Bruder neben einem Arbeiter, der an einem Sarg hämmert.*

LAHNSTEIN Wenn man das alles bedenkt. Was bleibt einem am Ende. So eine Holzkiste.
BRUDER *streicht mit der Hand über das Holz* Nachdenken darf man nicht. Wir nehmen Eiche. Die Leute wollen Qualität.

## *34 WOHNZIMMER*

*Familie Lahnstein sitzt mit dem Bruder und seiner Frau an der Kaffeetafel.*

FRAU DES BRUDERS Geht es in deiner Firma noch gut?
BRUDER Denen geht es doch immer gut.
LAHNSTEIN Ein bisschen merken wir die Situation natürlich auch.
BRUDER Euch kann doch nichts passieren.
FRAU DES BRUDERS Und du hast immer noch deinen Posten?
LAHNSTEIN Jaja, immer noch.

## *35 TRAUERGESELLSCHAFT IN EINEM GASTSTÄTTENSAAL*

*Lahnstein steht in einer Ecke mit seinem leicht angetrunkenen Bruder.*

BRUDER Weißt du, es ist nicht mehr so wie früher. Es ist nicht mehr so. Es hat sich etwas geändert. Aber was. Ich weiß es nicht. Du siehst da vielleicht weiter. Du siehst da Zusammenhänge. Du schaust da vielleicht noch durch. Aber ich, ich nicht mehr.
*Er geht aus dem Bild.*
*Lahnstein steht allein und trinkt ein Glas Wein in einem Zug aus.*
*Der Bürgermeister kommt mit Frau Lahnstein ins Bild.*

BÜRGERMEISTER Ich habe gerade eben zu Ihrer verehrten Gattin gesagt: Ihr Herr Vater, das war noch einer. Ich weiß noch genau, fünfundvierzig, als er die Stadt an die Amerikaner übergab. Mit einem weißen Laken ist er losmarschiert, und nach einer Stunde kam er auf einem amerikanischen Panzer wieder zurück. Die ganze Stadt wäre hingewesen, wenn er damals nicht einfach losmarschiert wäre. Ein Wort von ihm, und man wusste, woran man war. Autorität hat man eben oder man hat sie nicht.

## *36 AUTOFAHRT*

*Familie Lahnstein fährt in ihrem Wagen durch die Kleinstadt.*
*Enge Gassen, kleine Läden, Fachwerkhäuser, ein Markt.*

MICHAEL Warum hast du gelogen?
LAHNSTEIN Jeder lügt.
MICHAEL Warum machst du dir was vor?
LAHNSTEIN Jeder macht sich was vor.
MICHAEL Aber du weißt doch nicht mal, wie es weitergehen soll.
LAHNSTEIN Weißt du, wie es weitergehen soll?

*Ein Trecker kommt aus einer Nebenstraße, Lahnstein bremst, ein kleiner Unfall.*
*Lahnstein steigt aus und gibt dem Treckerfahrer seine Karte. Michael schaut sich den verbogenen Kotflügel an.*
*Michael nimmt am Steuer Platz.*
*Sein Vater setzt sich neben ihn.*
*Michael fährt.*

## *37 ALTERSHEIM*

*Die Familie geht durch eine Glastür mit der Aufschrift STÄDTISCHES ALTERSHEIM.*
*Eine Schwester kommt ihnen entgegen.*

SCHWESTER Es ist gut, dass Sie noch kommen, wir müssen das Zimmer schon räumen.

*Familie Lahnstein geht einen Flur entlang.*

*Sie betreten ein Zimmer, das gerade ausgeräumt wird.*

*An den Wänden hängen noch einige Bilder.*

*Lahnstein nimmt die Bilder ab. Sein Vater in der Schützengesellschaft. Sein Vater im Hof der Schreinerei. Sein Vater hinter einem Schreibtisch mit der Amtskette des Bürgermeisters. Sein Vater in Frack und Zylinder. Ein Pfleger nimmt einen Zylinder und einen Frack aus dem Kleiderschrank.*

PFLEGER Soll der Plunder auch weg?

LAHNSTEIN *schreit* Das ist kein Plunder!

FRAU LAHNSTEIN Nun nimm dich doch bitte etwas zusammen.

*Die Schwester erscheint mit einem großen Trauerkranz in der Tür.*

SCHWESTER Hier ist noch ein Kranz abgegeben worden.

*Lahnstein nimmt ihr den Kranz ab und verlässt das Zimmer.*

*Er geht mit dem Kranz durch den Flur.*

## *38 STRASSE*

*Lahnstein geht mit dem Kranz durch eine leere Straße.*

*Es regnet.*

## *39 PARK MIT TEICH*

*Lahnstein geht mit dem Kranz durch einen Park.*

*Es regnet.*

*Er geht auf eine kleine Anlegebrücke und wirft den Kranz ins Wasser.*

*Der Kranz dreht sich im Kreis und versinkt langsam.*

*Lahnstein beugt sich vor, sein Gesicht spiegelt sich im Wasser. Regentropfen zerstören das Bild.*

## *40 SWIMMINGPOOL*

*Lahnstein taucht prustend aus dem klaren Wasser eines Swimmingpools auf.*
*Er klettert heraus.*
*Die Kamera zieht auf.*
*Lahnstein steht neben dem Swimmingpool auf einem Schiffsdeck vor der Bluebox: Venedig.*
*Er zieht einen weißen Bademantel über.*
*Er geht über das Deck.*
*Er setzt sich auf einen Stuhl.*

## *41 TERRASSE*

*Lahnstein sitzt im weißen Bademantel am gedeckten Mittagstisch.*
*Michael setzt sich an den Tisch und legt ein Buch weg.*
*Lahnstein nimmt das Buch und blättert es durch.*

LAHNSTEIN Sokrates?
MICHAEL Seminararbeit.
LAHNSTEIN Was meint er?
MICHAEL Er meint nicht. Er fragt.
LAHNSTEIN Wonach fragt er?
MICHAEL Was gut und gerecht ist.
LAHNSTEIN Und was ist gut und gerecht?
MICHAEL Was vernünftig ist.
LAHNSTEIN So.
*Michael beugt sich vor und zieht ein Buch aus einer Tasche im Bademantel seines Vaters heraus.*
*Er klappt es auf und liest laut vor.*
MICHAEL Die Abwehr von Zwischenrufen: Trotz Ihrer lauten Stimme ist keiner an Ihrer Meinung interessiert.
Haben Sie sonst noch etwas Gescheites zu sagen?

Bemühen Sie Ihr Gehirn und nicht Ihr Mundwerk.
Von Ihnen habe ich auch nichts anderes erwartet.
Wo sind Sie eigentlich aufgewachsen?
Sie tun mir leid.
Sie waren schon einmal besser.
Das haben Sie aber mal wieder schön gesagt.
Stellen Sie sich doch nicht dümmer, als Sie sind.
Das war für mich zu hoch, können Sie das nicht einfacher sagen?
Von Ihnen hätte ich etwas mehr Geist erwartet.
Lernen Sie erst einmal die Praxis kennen.
Die Wahrheit liegt in der Mitte.
Die Dinge liegen sehr viel tiefer, als Sie sie sehen.
*Michael klappt das Buch zu und legt es auf den Tisch.*
*Sein Vater schaut ihn wortlos an.*
*Frau Lahnstein kommt ins Bild und stellt eine Vase mit Rosen auf den Tisch.*

FRAU LAHNSTEIN Ich habe mich gestochen.
*Sie lutscht an einem Finger ihrer Hand.*

HERR LAHNSTEIN Keine Rose ohne Dornen, keine Dornen ohne Rose.

MICHAEL Kein Quatschkopf ohne Sprüche.

FRAU LAHNSTEIN Hör jetzt bitte auf.
*Pause*
Ich habe eben gelesen, dass in diesem schönen Venedig mehr Menschen an Lungenkrebs sterben als in ganz Italien.

MICHAEL Die Industrie.

HERR LAHNSTEIN Von der die Leute leben.

MICHAEL Und sterben.

HERR LAHNSTEIN Und leben.

MICHAEL Und sterben.

FRAU LAHNSTEIN Können wir jetzt endlich essen.
*Pause*
Schließlich stirbt Venedig auch.

HERR LAHNSTEIN Schließlich stirbt alles einmal.

MICHAEL Am Ende sind wir auch schon tot.

*Die Kamera zeigt Michael und seine Mutter aus der Sicht von Lahnstein.*

*Michael und Frau Lahnstein schauen sich unfreundlich an.*

## *42 BÜRO LAHNSTEINS*

*Auf dem Schreibtisch ein Foto in einem Silberrahmen. Michael und Frau Lahnstein. Gleiche Position wie in Take 41, aber sie lächeln sich an.*

*Die Kamera zieht auf.*

*Lahnstein sitzt hinter seinem Schreibtisch und blättert in Papieren.*

*Vor dem Schreibtisch ein Bewerber.*

LAHNSTEIN Dreiundvierzig sind Sie.

1. BEWERBER Ja.

LAHNSTEIN Ihre Papiere sind soweit in Ordnung. Warum haben Sie Ihre Firma verlassen?

1. BEWERBER Ich möchte gerne neue Erfahrungen sammeln. Ich halte einen Stellenwechsel für lebensnotwendig.

LAHNSTEIN Warum wollen Sie gerade zu uns?

1. BEWERBER Ihre Firma genießt einen ausgezeichneten Ruf, und ich möchte mich natürlich nicht verschlechtern.

LAHNSTEIN Kennen Sie unsere Produkte?

1. BEWERBER Nach einer gewissen Einarbeitungszeit –

LAHNSTEIN Ja. Sie hören dann von uns.

*Lahnstein erhebt sich.*

*Der Bewerber verlässt den Raum.*

*Eine Sekretärin kommt herein, Lahnstein gibt ihr die Akte.*

LAHNSTEIN Abgelehnt.

SEKRETÄRIN Der Nächste?

*Lahnstein nickt mit dem Kopf und schaut aus dem Fenster.*

*Blick aus einem Hochhausfenster auf die Stadt und auf einen Kirchturm, auf dessen Plattform sich Menschen bewegen.*

## *43 MODENSCHAU*

*Frau Lahnstein bei einer exklusiven Modenschau. Sie sitzt in der ersten Reihe und schaut sich die Modelle an.*
*Text und Musik aus einer Originalmodenschau.*
*Länge der Szene wie Take 45.*

## *44 BÜRO LAHNSTEINS*

*Lahnstein mit Bewerbungsunterlagen hinter dem Schreibtisch.*
*Vor dem Schreibtisch der 2. Bewerber.*

LAHNSTEIN Wie alt?
2. BEWERBER Siebenunddreißig.
LAHNSTEIN Warum wollen Sie zu uns?
2. BEWERBER Weil mich die Tätigkeit interessiert, und ich glaube, sie voll ausfüllen zu können. Außerdem wollte ich schon lange in eine aufstrebende gutgeleitete Firma –
LAHNSTEIN Das sagt jeder.
2. BEWERBER Ich denke, dass ich gerade hier bei Ihnen Gelegenheit haben werde, meine Persönlichkeit voll zu entfalten und mich ganz in den Dienst der Firma zu stellen.
LAHNSTEIN Das sagt auch jeder. Hier in Ihren Papieren steht ›gegenseitiges Einverständnis‹. Hatten Sie Schwierigkeiten in Ihrer alten Firma?
2. BEWERBER Es gibt immer schon mal Meinungsverschiedenheiten. Manche Vorgesetzten legen Ehrgeiz falsch aus.
LAHNSTEIN Ja. Sie hören von uns.
*Er steht auf.*
*Der 2. Bewerber verlässt den Raum.*
*Die Sekretärin kommt herein, Lahnstein gibt ihr die Akte.*
LAHNSTEIN Abgelehnt.

SEKRETÄRIN Der Nächste?

*Lahnstein nickt mit dem Kopf und schaut wieder aus dem Fenster. Blick aus einem Hochhausfenster auf die Stadt und auf den Kirchturm, von dessen Plattform offensichtlich ein Mensch in die Tiefe fällt.*

## *45 MENSA*

*Michael an einem Tisch mit einigen anderen Studenten. Sie essen und unterhalten sich dabei.*

MICHAEL Seid ihr bei der Demonstration?
3. STUDENT Wenn sie bei der Polizei angemeldet ist.
MICHAEL Morgen um zehn.
2. STUDENT Schon gebucht.
1. STUDENT Kommen auch noch ein paar Arbeiter?
2. STUDENT Die Arbeiter arbeiten.
3. STUDENT Die Studenten studieren.
MICHAEL Ordnung ist das halbe Leben.
1. STUDENT Das Leben ist ein einziger Friedhof gescheiterter Pläne. Cesare Pavese.
2. STUDENT Das Leben ist ein Numerus clausus.
3. STUDENT Wer es nicht schafft, hat sich eben nicht durchgesetzt.
MICHAEL Sagte Christus, als er am Kreuze hing.
1. STUDENT Man muss eben studieren, studieren, studieren.
MICHAEL Studieren wozu?
1. STUDENT Das ist die Frage. Um das zu klären, braucht man dringend ein Anschluss- und Ergänzungsstudium.
2. STUDENT Wie wär's mit Dogmengeschichte?
3. STUDENT Missionswissenschaft ist auch ganz schön.
2. STUDENT Römisches Recht.
3. STUDENT Siedlungsgeschichte.
2. STUDENT Turkologie.
3. STUDENT Komparatistik.

2. STUDENT Koloniale Klimatologie.
3. STUDENT Vogelkunde.
2. STUDENT Segeltheorie.
3. STUDENT Heraldik.
2. STUDENT Numismatik.
3. STUDENT Philatelie.

### *46 BÜRO LAHNSTEINS*

*Lahnstein blättert hinter seinem Schreibtisch in Papieren. Vor dem Schreibtisch der 3. Bewerber.*

3. BEWERBER Also ich bin einunddreißig. Das wollten Sie doch wissen.

LAHNSTEIN Warum haben Sie sich beworben?

3. BEWERBER Ich habe Ihr Inserat gelesen, ich habe Erfahrungen in der Branche, und ich will mehr Geld verdienen.

LAHNSTEIN Wir suchen für diesen Posten eine Persönlichkeit.

3. BEWERBER Wenn mir der Job hier gefällt, mach ich ihn so gut wie in jeder anderen Firma.

LAHNSTEIN Drei Monate Probezeit.

*Der Bewerber verlässt den Raum.*

*Lahnstein schaut aus dem Fenster. Die Plattform des Kirchturms ist leer.*

### *47 KIRCHTURM*

*Lahnstein steht auf der Plattform des Kirchturms, schaut auf das Hochhaus, schaut dann in die Tiefe.*

*Der Verkehr einer belebten Straße von oben.*

## 48 *ZWISCHENSCHNITT*

*Das Gesicht Michaels, sehr groß.*

## 49 *ZWISCHENSCHNITT*

*Das Gesicht Frau Lahnsteins, sehr groß.*

## 50 *ZWISCHENSCHNITT*

*Das Gesicht Lahnsteins auf einem Fotostreifen.*

## 51 *KIRCHVORPLATZ*

*Glockengeläute*
*Die Kamera zieht auf. Lahnstein betrachtet die Fotos. Er sitzt auf einer Bank vor einem Kirchenportal. Neben ihm sitzt eine alte Frau.*
*Lahnstein zerreißt den Fotostreifen und wirft die Schnipsel weg.*
*Aus dem Kirchenportal kommt eine Hochzeitsgesellschaft. Sie gruppiert sich auf den Stufen, die zum Portal führen.*

ALTE FRAU Schon wieder eine Trauung. Jeden Tag kommen sie da raus. Hübsche Braut. Naja, Bräute sind immer hübsch. Einen Tag lang. Nachher hat man ja die Fotos. Man stellt sich immer wunder was vor, und dann ist es doch nur der Alltag. Wohnung, Einrichtung, die Kinder. Wenn man Pech hat, Krieg, und nach dem Krieg alles wieder von vorn. Immer das Gleiche. Jahraus, jahrein. Man denkt immer, man hat noch so viel Zeit, und dann ist es schon fast vorbei. Es geht alles so schnell. So furchtbar schnell.
*Die Hochzeitsgesellschaft hat sich zum Gruppenbild aufgebaut. Groß: das Hochzeitspaar. Blitzlichter.*

### 52 1945

*Manfred und Annegret Lahnstein im Jahr 1945.*
*Ihre Gesichter sehr nah. Sie lachen.*
*Sie hocken zwischen Kisten. Sie tragen eine schwere Bücherkiste. Sie räumen Bücher ein. Sie essen gemeinsam aus einem zerbeulten Militär-Kochgeschirr. Sie teilen sich eine Zigarette. Sie sind fast ausgelassen fröhlich. Beide sitzen auf einem Stuhl, sie eingepackt in eine Militärdecke, er trägt einen Militärmantel, sie haben Handschuhe an und schreiben auf altem Papier einen Vortrag mit. Der Professor im Mantel, eine Baskenmütze auf dem Kopf, sitzt auf den Stufen einer Treppe.*
*Manfred und Annegret Lahnstein auf ihrem Stuhl. Sie lächeln sich an.*
*Stoptrick*

### 53 HÖRSAAL

*Michael in einer Bank des Hörsaals. Er schreibt eine Vorlesung mit.*

2. PROFESSOR Der Mensch, lateinisch homo sapiens, ist das höchstentwickelte Säugetier innerhalb der besonderen Familie der Klasse der Primaten. Seine nächsten Verwandten im Tierreich sind die Anthropoiden, die Menschenaffen. Der Unterschied zeigt sich vor allem in der artikulierten Sprache und in den hochentwickelten geistigen und seelischen Leistungen des Menschen. Die Frage nach dem Wesen des Menschen ist fast so alt wie der Mensch selbst. Die einzelnen philosophischen Richtungen haben den Menschen jeweils verschieden gedeutet, ohne dass man sich bis heute einigen konnte. In den naturalistischen Auffassungen des Materialismus, des Evolutionismus und des sogenannten Monismus wird der Unterschied zwischen Mensch und Tier als ein gradueller angesehen, während man dagegen bereits in der Antike anführte, dass der Geist übersinnlichen Ursprungs und von der Seele trennbar sei. Daraus er-

gibt sich eine Zwei- bzw. Dreiteilung des Menschen in Leib, Seele, Geist.
*Michael in der Bank des Hörsaals.*
*Stoptrick*

## *54 TRÖDELLADEN*

*Frau Lahnstein sieht sich gelangweilt um.*

TRÖDLER Alter Aschenbecher? Schönes Silberbesteck? Doch ganz nett. Ein echter Siegelring. Mit Inschrift: auf ewig. Immer gleich ewig, drunter tun sie's nicht. Alles unersetzlich und ewig, und jetzt liegt's hier rum. Altes Familienalbum? Das reinste Panoptikum. Kleben Fotos ein und meinen, sie hätten gelebt. Sicher 'n Ausflug. Spazierstock und Blume im Knopfloch. Alles vergilbt. Sehen Sie mal, der Kleine im Matrosenanzug, und hier ist er schon bei den Grenadieren und hier im Schützenverein. Von einer Uniform in die andere. Schaun Sie mal die Bademoden. Was ist denn das? Sackhüpfen. Und hier, Blindekuh. Tapsen mit verbundenen Augen durch die Gegend und vertreiben sich die Zeit. Naja, irgendwie muss man sie ja herumbringen. Womit, ist ja auch egal. Ist das denn hier? Kindtaufe oder so was. Auch 'n hübsches Spiel. Und hier Hochzeitsfoto. Stresemann und weißer Schleier.
*Das Foto groß.*
*Stoptrick*

## 55 *ABENDGESELLSCHAFT*

*Im Haus der Familie Lahnstein.*
*Zusätzlich elektronische Handkamera mit Reporterlicht.*
*Groß: Ein altes Familienbild an der Wand.*

MICHAEL Wer ist das?

HERR LAHNSTEIN *im schwarzen Anzug* Ein Onkel, im Krieg gefallen.

MICHAEL Und der daneben?

HERR LAHNSTEIN Auch.

MICHAEL Onkel oder was?

LAHNSTEIN Gefallen.

FRAU LAHNSTEIN *im langen Abendkleid, tippt ihrem Mann auf die Schulter* Darf ich dir meinen Fraktionsvorsitzenden vorstellen?

FRAKTIONSVORSITZENDER Ich freue mich, dass sich Ihre Frau nun doch für den Landtag entschieden hat.

*Ein Reporter drängt sich dazwischen.*

REPORTER Darf ich ein paar Fragen für unsere Zuschauer –

FRAKTIONSVORSITZENDER Aber gewiss doch.

*Er nimmt Frau Lahnstein am Arm, beide drehen sich zum Reporter und geben ihm ein Interview.*

*Lahnstein geht gelangweilt durch den Raum, der voller Gäste ist. Ein Geschäftsfreund läuft ihm über den Weg.*

GESCHÄFTSFREUND Ah, Lahnstein, ich habe gehört, Sie sind nicht mehr bei Ihrer alten Firma.

LAHNSTEIN Es war aus mit dem Laden. Ich habe die Fusion noch anständig über die Runden gebracht, und dann war Schluss für mich.

GESCHÄFTSFREUND Wo sind Sie jetzt?

LAHNSTEIN Ich hatte ein Angebot, bei dem neuen Konzern mit einzusteigen. Finanziell nicht uninteressant. Aber man muss auch wechseln können. Neue Aufgaben, neue Probleme, das interessiert mich. Ich mache jetzt erst einmal in aller Ruhe eine Denkpause, und dann wird man weitersehen.

GESCHÄFTSFREUND Arbeiten ist ja auch nicht der Sinn des Lebens. Fahren Sie nach Afrika, mein Lieber. Wir haben da neulich mit einer Gruppe einen Saharatrip gemacht. Quer durch die Wüste. Ich sage Ihnen, wenn man da so alleine auf sich gestellt ist, da weiß man erst, was leben heißt. Das hier ist doch alles nur Zivilisationsscheiße.

*Michael und sein Professor treffen sich am Büfett.*

PROFESSOR Na, hat sich Ihr Gewissen wieder beruhigt?

MICHAEL Sokrates sagt, dass man nicht das Leben am höchsten achten soll, sondern das gerechte Leben.

PROFESSOR Sokrates sagt, wer den Gesetzen nicht folgen will, unter denen er aufgewachsen ist, der kann ja auswandern.

MICHAEL Man könnte ja die Gesetze ändern.

PROFESSOR Lesen Sie sich lieber die Universitätsordnung durch. ›Jeder Student ist verpflichtet, seinem Studium mit Eifer nachzugehen und sich in Haltung und Gesinnung des hohen Zieles der Universität würdig zu erweisen.

Der Student hat den akademischen Lehrern die schuldige Achtung zu erweisen, die Anordnungen und Weisungen der Universitätsstellen zu befolgen, die in der Universität geltenden Bestimmungen zu beachten und in seinem Verhalten innerhalb und außerhalb der Hochschule das Ansehen der Universität zu wahren.‹

*Er geht aus dem Bild.*

*Frau Lahnstein spricht in einer Ecke mit dem Fraktionsvorsitzenden.*

FRAU LAHNSTEIN Sie haben sicher schon gehört, die Sache mit meinem Mann.

FRAKTIONSVORSITZENDER Ich weiß. Machen Sie sich keine Sorgen, ich werde mich darum kümmern. Man muss nur an der richtigen Stelle etwas nachhelfen. Die Sache geht dann schon in Ordnung.

*Handkuss.*

*Lahnstein geht vorbei und sieht die Szene.*

*Lahnstein geht auf die Terrasse und trifft dort Michael.*

*Beide rauchen.*
*Hinter den Fenstern des Hauses sieht man die Gäste stehen und reden. Dazwischen tauchen gelegentlich die elektronische Handkamera und ihr grelles Licht auf.*

MICHAEL Wie in einem Aquarium. Ein schöner sauberer Raum, viel Glas. Dazu regelmäßiges Füttern, genügend Sauerstoff, ein bisschen Grün, nette Beleuchtung. Und die Fische machen pausenlos den Mund auf und zu, aber man hört nichts. Gelegentlich fressen sie sich auf, man schaut zu und denkt sich nichts dabei. Ein Aquarium.

*Frau Lahnstein ist auf die Terrasse gekommen.*

FRAU LAHNSTEIN Warum bist du denn noch in dem Aquarium?

HERR LAHNSTEIN Es ist leichter zu bleiben.

MICHAEL Vielleicht.

FRAU LAHNSTEIN Vielleicht wird man auch gebraucht.

HERR LAHNSTEIN Vielleicht auch nicht.

MICHAEL Vielleicht ist es auch nur angenehmer, komfortabler, beruhigender.

*Frau Lahnstein geht wieder ins Haus zurück.*
*Herr Lahnstein verlässt die Terrasse.*
*Er schlendert langsam, die Hände in den Hosentaschen,*
*durch das dunkle Studio.*
*Er dreht sich um.*
*Das hellerleuchtete ›Haus‹*

## *56 STUDIO*

*Totale auf die Gesellschaft, die vor der Wand des Wohnzimmers steht.*
*Das Licht fällt aus. Es brennen nur noch einige Kerzen.*
*Gelächter, Stimmen, Rufe, die Kerzen werden hin- und hergetragen.*

## 57 BLUEBOX

*Ein Plakat: Teatro La Fenice Venezia. Kameraschwenk. Das Portal des Theaters. Familie Lahnstein (in Abendgarderobe) ersteigt lächelnd die Vortreppe.*
*Kameraschwenk*
*Sehr kurzer Ausschnitt aus der Szene, in der Lahnstein gekündigt wurde.*
*Kameraschwenk*
*Sehr kurzer Ausschnitt aus der Demonstrationsszene mit Michael.*
*Kameraschwenk*
*Der Handkuss, den Frau Lahnstein vom Fraktionsvorsitzenden entgegennimmt.*

## 58 PARK

*Herr Lahnstein sitzt mit einem alten Mann auf einer Bank.*
*Er hat noch den schwarzen Anzug an.*

ALTER MANN Schön warm die Sonne. Ich sitz immer hier, seit meine Frau tot ist. Die Küche ist so leer. Scheint nur morgens mal die Sonne rein. Alles so leer. Dreißig Jahre wohn ich da. Jetzt soll ich da raus. Wen interessiert das schon. Verstehn Sie was von einer Räumungsklage?
Da brüten schon die Schwäne. Voriges Jahr haben sie zwei erschlagen.

## 59 POLIZEIREVIER

*Frau Lahnstein mit einem Polizisten.*
*Der Polizist reißt ein Formular aus der Schreibmaschine.*

POLIZIST Wenn einer so einfach verschwindet, dann tut er nur, was er will. Warum ihn dann aufhalten? Aber da keiner mehr tut, was er will, wird er wieder zurückkommen.

Am besten, Sie gehen nach Hause und warten. Sollte etwas passiert sein, können Sie auch nichts anderes tun. Aber so schnell passiert nichts, glauben Sie mir. Die Leute gehen weg. Die Leute kommen wieder. Das ist so.

### *60 WOHNZIMMER*

*Es ist Nacht. Herr und Frau Lahnstein stehen nebeneinander vor der großen Glastür zum Garten und schauen in die Dunkelheit.*
*Lange Pause*
*Frau Lahnstein spielt an ihrer Halskette.*

FRAU LAHNSTEIN Ich dachte, es wäre richtig so.
*Lange Pause*
HERR LAHNSTEIN Es ist wohl richtig so.
*Er lehnt den Kopf gegen die Scheibe.*
FRAU LAHNSTEIN Es ist die vernünftigste Lösung.
HERR LAHNSTEIN Ja, es ist sicher vernünftig.

### *61 SPIEGELUNG*

*Blick von der Terrasse auf die Glastür, hinter der Herr und Frau Lahnstein stehen. Man sieht nur ihre schwarzen Silhouetten.*
*Die folgenden Stimmen im off.*

KIND Was ist das?
FRAU LAHNSTEIN Was denn?
KIND Da im Fenster.
FRAU LAHNSTEIN Das ist –
KIND Was ist es denn?
HERR LAHNSTEIN Das ist ein Sarg.
KIND Was ist ein Sarg?

HERR LAHNSTEIN Da kommen die Toten rein.
KIND Was sind Tote?
HERR LAHNSTEIN Leute, die gestorben sind.
KIND So wie Omi?
FRAU LAHNSTEIN So wie Omi.
KIND Warum ist sie denn gestorben?
HERR LAHNSTEIN Jeder muss sterben.
KIND Jeder?
FRAU LAHNSTEIN Ja.
KIND Ich auch?
FRAU LAHNSTEIN Du auch.
KIND Und was ist, wenn man gestorben ist?
FRAU LAHNSTEIN Ich weiß es nicht.
KIND Wann stirbt man?
FRAU LAHNSTEIN Ich weiß es nicht.
KIND Wer weiß es denn?
HERR LAHNSTEIN Keiner.
KIND Ist sterben schön?
HERR LAHNSTEIN Nein.
KIND Warum stirbt man dann?
HERR LAHNSTEIN Weil man stirbt.

## *62 LANGER GANG*

*Herr Lahnstein geht durch einen langen Gang, der hell, kahl und nüchtern ist. Auf der einen Seite Fenster, auf der anderen Seite viele Türen.*

## *63 LANGER GANG*

*Frau Lahnstein geht durch einen Gang, der genauso aussieht wie in Take 62.*

## *64 LANGER GANG*

*Michael geht durch einen langen Gang, der genauso aussieht wie in Take 62 und 63.*

## *65 CHEFBÜRO*

*Lahnstein sitzt vor dem Schreibtisch eines Direktors, der in einer Akte blättert. Er legt die Akte weg.*

2. DIREKTOR Ja, das waren ja interessante Aufgaben, die Sie bisher hatten. Haben Sie nicht auch diesen Vortrag gehalten, da auf dieser Tagung?

LAHNSTEIN Über Autorität.

2. DIREKTOR Ja, das war es wohl.

LAHNSTEIN Ich glaube, dass nur eine universelle Persönlichkeit in der Lage ist, in der heutigen komplexen Situation die gesellschaftlichen Zielsetzungen zu erkennen und diese auch in der Unternehmenspolitik durchzusetzen.

2. DIREKTOR Jaja, es ist sicher eine Frage der Persönlichkeit. Ihre Frau ist im Landtag?

LAHNSTEIN Ja.

2. DIREKTOR Nun gut, versuchen wir es mal miteinander.

## *66 KLEINES BÜRO*

*Frau Lahnstein gibt einem alten Mann ein Formular in die Hand.*

FRAU LAHNSTEIN Es tut mir leid. Ich kann wirklich nichts mehr für Sie tun.
*Sie räumt Akten ein.*

ALTER MANN Und die Räumungsklage?

FRAU LAHNSTEIN Gehn Sie damit zum Sozialamt.

ALTER MANN Aber Sie brauchen doch nur einmal anzurufen. Sie haben doch sonst auch immer –

FRAU LAHNSTEIN Ja sonst, aber jetzt nicht mehr. Ich bin nicht mehr zuständig, verstehen Sie doch.

ALTER MANN Warum sind Sie denn nicht mehr zuständig?

FRAU LAHNSTEIN Ich geh in den Landtag.

ALTER MANN In den Landtag?

FRAU LAHNSTEIN Ja. Man kann dort mehr tun.

ALTER MANN Und was mach ich hier mit der Räumungsklage?

FRAU LAHNSTEIN Ich weiß es auch nicht.

## *67 UNIVERSITÄTSVORPLATZ*

*Michael geht mit seinem Professor über den Vorplatz.*

PROFESSOR Ich versteh Sie nicht. Sie sind doch begabt, intelligent, wollen Sie immer nur demonstrieren? Das ist doch für einen jungen Mann wie Sie keine Perspektive. Werden Sie mein wissenschaftlicher Assistent. Da können Sie in Ruhe Ihre Doktorarbeit schreiben.

MICHAEL Freiheit des Individuums.

PROFESSOR Ein schönes Thema. Ich weiß, der Betrieb hier interessiert sie nicht. Aber ich will Ihnen etwas verraten. Ich habe mein Leben lang immer nur Dinge getan, die mich nicht interessierten. Das bringt einen ganz schön weit.

## *68 KONFERENZSAAL*

*Lahnstein vor einer Gruppe von Angestellten.*

LAHNSTEIN Es tut mir leid, Ihnen mitteilen zu müssen, dass ein großer Teil der Belegschaft freigesetzt wird. Eine unumgängliche Rationalisierungsmaßnahme, für die ich Sie bitte, Verständnis zu haben. Sorgen Sie bitte auch in Ihren Abteilungen dafür, dass die Unruhe unter der Belegschaft nicht allzu groß wird. Wir werden mit dem Betriebsrat einen Sozialplan ausarbeiten. Um etwaige Härtefälle werde ich mich persönlich kümmern. Ich danke Ihnen.

*Lahnstein dreht sich kurz um und verlässt den Raum.*

## *69 PLENARSAAL DES LANDTAGS*

*Frau Lahnstein auf ihrem Platz inmitten anderer Abgeordneter.*

PARLAMENTSVORSITZENDER *off* Ich rufe auf die Vorlage 8161. Ja-Stimmen?

*Frau Lahnstein hebt mit ihren Fraktionskollegen die Hand und lässt sie wieder sinken.*

PARLAMENTSVORSITZENDER *off* Stimmenthaltungen?
Gegenstimmen?
Die Vorlage ist damit angenommen.
Ich rufe auf die Vorlage 8162.
Ja-Stimmen?

*Frau Lahnstein hebt mit ihren Fraktionskollegen die Hand und lässt sie wieder sinken.*

PARLAMENTSVORSITZENDER *off* Enthaltungen?
Gegenstimmen?
Danke, die Vorlage ist damit angenommen.
Ich rufe auf die Vorlage 8163.
Darf ich um die Ja-Stimmen bitten.

*Frau Lahnstein hebt mit ihren Fraktionskollegen die Hand und lässt sie wieder sinken.*

PARLAMENTSVORSITZENDER *off* Stimmenthaltungen?
Und die Gegenstimmen?
Keine Gegenstimmen. Die Vorlage ist damit angenommen.

## 70 SEMINAR

*Die Studenten sitzen an einem langen Tisch. Michael Lahnstein nimmt am Kopfende des Tisches Platz, an dem zuvor der Professor gesessen hat. Die Studenten klopfen auf den Tisch.*
*Michael zieht sein Referat aus seiner Aktenmappe und beginnt zu lesen.*

MICHAEL Wie Sie wissen, ist der philosophische Dialog über den Tod des Sokrates von Platon in seiner ersten Schaffensperiode entstanden. Die Grundsituation ist folgende: In der Morgendämmerung ist Kriton im Kerker erschienen, um Sokrates zu berichten, seine Hinrichtung sei in bedrohliche Nähe gerückt, er will ihn daher zur Flucht überreden. In dem folgenden Dialog werden die Gründe und Gegengründe vorgebracht.

## 71 OPERNLOGE

*Familie Lahnstein sitzt im Halbdunkel einer prächtigen Theaterloge. Fast ein gerahmtes Bild.*
*Eine Opernsängerin singt im off eine italienische Opernarie.*

## 72 TERRASSE

*Familie Lahnstein auf der Terrasse. Es ist Nacht. Eine Gartenlaterne beleuchtet die Szene. Von der Stereoanlage im Wohnzimmer die Opernsängerin.*
*Die Kamera schwenkt sehr langsam auf die Bluebox. Ein nächtlicher Sternenhimmel. Während des Schwenks*

MÄNNERSTIMME *off* Möchten sie nur, o Kriton, das größte Übel zuzufügen vermögen, damit sie auch das größte Gute vermöchten. Das wäre ja vortrefflich! Nun aber vermögen sie keines von beiden. Denn weder vernünftig noch unvernünftig können sie machen; sondern sie machen nur, was sich eben trifft.

*Der nächtliche Sternenhimmel verschwindet langsam. Die leuchtende Bluebox.*

*Ende*

»Reise, Reise« hieß es früher, wenn die Schiffe ablegten, wenn einer die ihm allzu eng gewordene Welt mit einer neuen Freiheit vertauschen wollte, ein Ziel suchte, seinem Traum folgte: Pilgerreise, Bildungsreise, Gesellschaftsreise. Heute ist aus der Gesellschaftsreise eine reisende Gesellschaft geworden, das Erlebnis Reise ist zur Erlebnisreise verkommen; unsere Reisen sind oft nur noch ein Massenausbruch auf der Flucht vor uns selbst. So ist auch dieser Text eine Collage: Die vorgeprägte Sprache einer Reisegruppe und ihrer Welt, der sie nicht entkommt. Die wirkliche Reise eines Pilgers in einer vergangenen Zeit. Die Beschreibung eines alten Bildes, das eine imaginäre Reise zeigt, entstanden in der Phantasie eines Eingesperrten. Die Welt dieses Bildes als Fluchtpunkt zu der Verlorenheit und Hilflosigkeit unserer sich in Raum und Zeit verlierenden Stimmen. Der Sinn einer Pilgerschaft und der Unsinn unserer Flucht. Unsere Weltreise im Phantasieraum eines Hörspiels.

Menschen, die unterwegs sind auf einer Reise in eine alte Stadt, zu einem mittelalterlichen Bild in einer Kapelle. Bildungsreise und Sinnsuche, Lebensziel und Lebensweg, Orientierung im Labyrinth der Angebote, Woher und Wohin. Während die Reiseführerin auf der Fahrt das Bild erklärt, das die Reise des Menschen zeigt, folgt die Reisegesellschaft den Bildern, die sie im Kopf hat, Bilder von Prospekten, Katalogen, Illustrierten, Werbefilmen, Urlaubsfotos. Menschen, die die vorbeigleitende Welt nur noch flüchtig durch Flug-, Zug-, Bus- und Autofenster wahrnehmen, für die ihr Ziel nur noch ein gebuchtes Programm ist, ein Bild, das sich mit tausend anderen Bildern vermischt.

›Erlebt‹ wird die Welt in der Sprache einer alten Chronik, die von einer Pilgerfahrt nach Jerusalem und den harten und grausamen Wechselfällen des Lebens berichtet (großartig gelesen von Otto Sander).

›Gesehen‹ wird die Welt in ihrer ganzen Schönheit, in den Möglichkeiten des Menschen durch eine Abbildung des Bildes von einem blinden Mädchen, das nach innen schaut und dem eine ältere Frau das Bild in Worten vor Augen stellt.

Und dann ist da noch das Schicksal des Malers als das Schicksal aller Künstler, die die Welt in Worte und Bilder fassen, die nur noch im Dunkeln leben oder direkt in die Sonne starren, weil sie die Welt nicht mehr sehen wollen.

Eine von Klaus Mehrländer in einer Komposition von Stan Régal genau inszenierte Sprachcollage, die in Bildern erzählt, durch Bilder erzählt, von Bildern erzählt, mit Bildern erzählt, monologische Stimmen, die verirrt in ihren Redensarten und Scheinbildern das Bild, zu dem sie fahren, übersehen und die Welt nicht mehr verstehen.

# Reise-Gesellschaft oder
# Die Fahrt nach Jerusalem
*Ein Hörspiel*

## *Stimmen*

REISEFÜHRERIN

ALTE FRAU

BLINDES MÄDCHEN

PILGER

DOLMETSCHERIN

VERKÄUFERIN

SEKRETÄRIN

HAUSFRAU

GALERISTIN

LEHRER

VERKÄUFER

BANKIER

PILOT

INGENIEUR

*Geräuschmontage:*
*Ein startender Jet / Start zu einem Autorennen / Ein Motorbootrennen / Geräusch eines fahrenden Zuges / Ein Schiffsmotor / Badelärm in der Brandung / Tennisspiel / Pferderennen / dazwischen Country-Music, Disco-Music, orientalische Musik.*

VERKÄUFERIN Malediven?
VERKÄUFER Ach was.
VERKÄUFERIN Bali?
VERKÄUFER Oje.
VERKÄUFERIN Jemen?
VERKÄUFER Weiß nicht.
VERKÄUFERIN Kenia?
VERKÄUFER Um Gottes willen.
VERKÄUFERIN Papua?
VERKÄUFER Gott ja.
VERKÄUFERIN Sudan?
VERKÄUFER Hm.
VERKÄUFERIN Thailand?
VERKÄUFER Nein nein.
VERKÄUFERIN Die Golfstaaten?
VERKÄUFER Keine Ahnung.
VERKÄUFERIN Ladakh?
VERKÄUFER Weiß nicht.
VERKÄUFERIN Wir müssen für nächstes Jahr buchen.
VERKÄUFER Buch irgendetwas.

*Geräuschmontage*

*Alle Stimmen im Vordergrund*

INGENIEUR Massiver Metallblock. Vollkommen undurchdringlich. Präzisionsuhrwerk. Damit können Sie auf den Himalaja, zum Nordpol und in die Sahara, damit können Sie sich auf den

Meeresgrund legen, immer sekundengenau. Vollkommen undurchdringlich. Ein einziger Metallblock.

HAUSFRAU Durch das Auflegen der Hände wird die Energieblockade aufgelöst und die positiv-negativen Kräfte wieder ins Gleichgewicht gebracht. Die körperliche Befreiung führt zur geistigen Erkenntnis und zur Verinnerlichung, die den Mensch wieder zu seiner Mitte führt. Polarity ermöglicht die vollkommene Ganzwerdung.

SEKRETÄRIN Erst im Geländewagen, dann umsteigen auf Kamelrücken, dann zwei Wochen nur Kamele und Sand. Und natürlich die Sonne. So lernt man die Sahara kennen.

LEHRER Die absolut schnellste Kamera der Welt. Drei eingebaute Motoren, Highspeed für acht Bilder in der Sekunde, Belichtung bis einviertausendstel Sekunden, stellen Sie sich das vor. Gut, man braucht es nicht, aber es ist schon toll. Einviertausendstel Sekunden, kann man sich gar nicht vorstellen.

DOLMETSCHERIN Das ist inklusive.
PILOT Nein, nein, wir haben extra gebucht.
DOLMETSCHERIN Wollen Sie auf einer Bildungsreise jedes Bild extra bezahlen?
PILOT Wir gehören nicht zur Bildungsreise. Wir haben vier Wochen Strandurlaub.
DOLMETSCHERIN Ach so, das ist dann natürlich extra. Haben Sie ganz umgebucht?
PILOT Nein, nein, nur mal als Abwechslung. Vier Wochen Strand, wissen Sie –

VERKÄUFER Die Sensoren melden die Geschwindigkeit und den Lenkradeinschlagwinkel an den Computer, der die Querbeschleunigungsänderung und damit die Lenkkraftunterstützung errechnet. Ein absolut realistisches Fahrgefühl.

GALERISTIN Das ist die Duft-Farb-Ton-Therapie. Farbbestrahlung, dazu Aromastoffe und Musik. Alle Sinne werden sensibilisiert, ganz intuitiv.

BANKIER Voriges Jahr waren wir in Grönland. Expedition ins Unbekannte, Eisbären, Hundeschlitten und so weiter. Neben unserem Lager war ein Radarstützpunkt, daneben eine Eskimosiedlung. Und die Eskimos saßen jeden Abend mit den Soldaten in der Disco. Und wir auch. Wir hätten genauso gut nach New York fliegen können.

*Geräuschmontage*

REISEFÜHRERIN *über Mikrophon. Im Hintergrund Disco-Music* Darf ich um Ihre Aufmerksamkeit bitten. Danke schön. Ich möchte Sie zunächst sehr herzlich im Namen der Reiseleitung begrüßen und freue mich natürlich ganz besonders, dass Sie unseren Kunstausflug gewählt haben und dass ich Sie als Ihre Reiseführerin dabei begleiten darf. Unser Programm heute, Sie wissen es, ist eines der größten abendländischen Kunstwerke. Ich werde Ihnen im Laufe der nächsten Stunde die wissenswerten Einzelheiten unseres Reiseziels vermitteln. Vorerst einmal Dankeschön und allen eine gute Reise.

*Alle Stimmen im Vordergrund*

HAUSFRAU T'ai Chi, die natürliche Bewegung unserem inneren Gesetz entsprechend, das kreative Gleichgewicht zwischen Körper und Geist und dazu Reiki, die höchstschwingende transzendentale Lichtenergie. Reine universelle Lebensenergie.

Sie durchdringt unser ganzes Wesen und vollendet uns in der Transformation von Geist und Körper.

VERKÄUFERIN Er ist kein Siegertyp. Er müsste seine Gefühle völlig ausschalten. Er ist zu gutmütig. Er nimmt Rücksicht. Er hat Skrupel. Er hat eben keinen Killerinstinkt. Entweder ist man auf Sieg programmiert, oder man lässt es sein. Für mich ist er ein typischer Verlierer.

GALERISTIN Wildwasserexpedition im Schlauchboot durch Vorderasien. Es war einmalig. Es war wirklich einmalig. Jede Sekunde eine Herausforderung. Und im vorigen Jahr ein Peru-Trekking mit zwei Fünftausendern. Acht Stunden täglich unterwegs. Der Rucksack war fünfzehn Kilo schwer. Und dann noch jeden Abend Feuer machen, das Zelt aufstellen und kochen. Manchmal hatten wir keine Kraft mehr, das Zelt aufzustellen und zu kochen. Wir lagen hungrig unter freiem Himmel auf einem felsigen Boden, der ganze Körper wie zerschlagen. Es war wunderschön.

VERKÄUFER Jedesmal das gleiche Blabla. Das größte Kunstwerk des Abendlandes. Ich wollt, ich wäre schon wieder im Hotel. Was gibt es denn heute Abend?

DOLMETSCHERIN Candlelightdinner, klassische Musik und acht Gänge.

VERKÄUFER Kann man wieder den Frack anlegen.

BANKIER Die Ventile werden mit einem größeren Hub gesteuert, dadurch eben mehr Leistung. Das Einlassvolumen ist ja viel höher. Der hat einen Ventilhub von zehn Millimetern. Also wenn Sie da Gas geben –

LEHRER Dual-Autofokus. Vollautomatisch. Der Microcomputer erfasst den Brennweitenbereich sogar bei einem Zoom. Die Bilder sind einmalig. Die Kamera macht das alles ganz alleine.

PILOT Die ganze Menschheit scheint unterwegs zu sein. Dabei ist das alles absolut sinnlos. Man sieht nichts, man erfährt nichts, man weiß schon alles vorher. Reisen heutzutage, das Sinnloseste, was man tun kann. Es gibt nichts, was man nicht schon kannte. Aber alle sind unterwegs. Alles nur eine sinnlose Flucht.

*Geräuschmontage*

REISEFÜHRERIN *über Mikrophon. Im Hintergrund Disco-Music*
Darf ich wieder um Ihre Aufmerksamkeit bitten.
Danke schön. Das Fresco, dessen wunderschönen Farbdruck Sie vor sich haben, hat in der Kunstgeschichte den Doppeltitel: Die Pilgerfahrt oder Die Reise der heiligen Drei Könige. Sehen Sie sich den Farbdruck genau an, da wir nachher nur wenige Sekunden vor dem Bild stehen werden. Der Andrang gerade vor diesem Bild ist immer sehr groß. Sie können den Druck, der ja doch sehr schön ist, auch käuflich erwerben, neunzehnachtzig ist ja kein Preis. Was sehen wir? Wir sehen eine Prozession von prächtig gekleideten Menschen, Herrscher mit ihrem Gefolge in farbenfrohen Gewändern und kostbarem Schmuck. Begleitet von Edelleuten, Pagen, Gelehrten und Jägern ziehen sie auf geschmückten Pferden durch eine mediterrane märchenhaft schöne Landschaft unter einem Himmel voller Licht. Es ist ein Paradies, durch das sich diese Menschen in ihrer ganzen Pracht und Herrlichkeit bewegen. Der Maler hatte den Auftrag, die Hofkapelle des regierenden Fürsten auszumalen. Die Hofkapelle war ein fensterloser Kellerraum, das heißt, der Maler arbeitete viele Jahre nur im Licht von Fackeln. Trotzdem schuf er ein Bild von einmaliger Schönheit, das uns die ganze damalige Welt vor Augen führt.

BLINDES MÄDCHEN Scheint die Sonne?

ALTE FRAU Ja.

BLINDES MÄDCHEN Sieht man sie?

ALTE FRAU Nein. Sie ist einfach da. Alles ist gleichmäßig hell und deutlich zu sehen.

BLINDES MÄDCHEN Sind da viele Menschen?

ALTE FRAU Ein endloser Zug, gewunden wie ein Labyrinth.

BLINDES MÄDCHEN Woher kommen sie?

ALTE FRAU Man sieht es nicht.

BLINDES MÄDCHEN Wohin gehen sie?

ALTE FRAU Das sieht man auch nicht.

BLINDES MÄDCHEN Wie sehen sie aus?

ALTE FRAU Alle sehr schön.

BLINDES MÄDCHEN Haben sie es eilig?

ALTE FRAU Nein, sie gehen sehr langsam, sie drängen nicht, jeder hat seinen Platz.

BLINDES MÄDCHEN Was sieht man noch?

ALTE FRAU Hügel, Berge, Wälder, Seen, Flüsse, Bäume und Sträucher voller Früchte, viele Tiere, Fische, Vögel, Rehe, Schafe, Ziegen.

BLINDES MÄDCHEN Ist das alles?

ALTE FRAU Am See zieht ein Fischer ein Netz voller Fische in sein Boot. Im Hintergrund jagt einer ein Reh. Er sitzt auf einem Pferd, den Speer in der Hand und jagt mit seinem Hund das flüchtende Reh.

BLINDES MÄDCHEN Und was noch?

ALTE FRAU Da ist noch ein Schloss auf einem Berg. Da sind Dörfer –

BLINDES MÄDCHEN Ich kann es mir nicht vorstellen.

*leise orientalische Musik*

PILGER Ich war ein Pilger des Heiligen Grabes und habe die Heiligen Stätten im Heiligen Land gesehen. Ich war zu Bethlehem, wo Gott der Herr geboren wurde, ich war in Jerusalem, wo Christus sein Gebet zu seinem himmlischen Vater hielt. Ich war am Kalvarienberg, wo Gott der Herr gelitten hat um meinet- und unseretwillen. Wenn ein Pilger zum Heiligen Land fahren will, soll er des Ersten sein Testament machen, beichten und das heilige Sakrament empfangen. Denn wer zum Heiligen Grab fahren will, der muss glauben und Geduld haben. Er sehe zu, dass er still sei und demütig und sich nicht seines Reichtums überhebe. Er soll gottesfürchtig sein und alle Tag sein Gebet vollbringen gegen Gott, dass er ihn treulich behüte, weil das Leben und der Tod nah beieinander sind. Ferner braucht er eine wollene Decke, ein gutes Paar Hosen, ein Wams und ein Paar fester Stiefel. Eine gute feste Truhe, einen Pilgermantel mit einer Kapuze, eine Matratze, zwei Leintücher, Brot, Wein, Käse, getrocknetes Fleisch und Fisch. Einen Dolch und allerlei Zeug aus der Apotheke. Und muss sich einer mäßig halten mit Essen und Trinken, will er gesund bleiben.

*Geräuschmontage*

*Stimmen im Vordergrund*

GALERISTIN Was haben Sie gegen das Bild?
INGENIEUR Dass man es in den letzten vierhundert Jahren vergessen hat.
GALERISTIN Das Bild ist unersetzlich.
INGENIEUR Eine gute Landkarte ist mir lieber.
GALERISTIN Sie sind ein Banause.
INGENIEUR Ich bin Vermessungsingenieur.
GALERISTIN Das Bild zeigt die ganze damalige Welt.
INGENIEUR Aber ohne Maßstab.
GALERISTIN Man kann sich auch nach diesem Bild richten.

INGENIEUR Wenn Sie sich nach diesem Bild richten, stürzen Sie in die nächste Schlucht. Keine Nord-Süd-Ausrichtung, keine Höhendifferenz, keine Entfernungsangaben.

GALERISTIN Sie halten wohl Ihre Landkarte für ein Kunstwerk?

INGENIEUR Natürlich.

GALERISTIN Sie glauben also, wenn Sie sich mit Ihren Vermessungsgeräten in die Natur stellen –

INGENIEUR Ich stelle mich nicht in die Natur. Ich stecke nur das Satellitenfoto in den Computer, und unten kommt die fertige Karte heraus, millimetergenau und farbig.

GALERISTIN Und wo sind die Menschen in Ihrem Bild?

INGENIEUR Wir haben inzwischen andere Maßeinheiten.

GALERISTIN Und die Perspektive?

INGENIEUR Wir zeigen die Welt wie sie ist.

GALERISTIN Das hat der Maler auch getan.

INGENIEUR Die Zeiten sind vorbei, wo sich einer vor die Landschaft stellte und sagte, hier bin ich, das ist die Welt.

GALERISTIN Aber Sie fahren trotzdem zu diesem Bild?

INGENIEUR Ja, mit einer Landkarte in der Tasche.

*Stimmen im Hintergrund*

VERKÄUFERIN Wir haben vor der Reise alles versichert. Krankenrücktransport, Fahrzeugrücktransport, Kinderrückholservice, Fahrerservice, Medikamentenservice und Verschrottung.

HAUSFRAU Nein, nur die Kristalltherapie. Drei Kraftfelder, die Körper, Geist und Seele in vollkommene Harmonie bringen. Die sieben Chakras, die sieben Regenbogenfarben, der siebenfarbige Bergkristall.

VERKÄUFERIN Der Mensch auf dem Weg zu sich selbst. Wenn ich das schon höre. Eine Reise verändert. So ein Quatsch. Alles nur Illusionen, die sich an Ort und Stelle in Nichts auflösen. Der

Mensch bleibt der, der er ist, und wenn er ein Jahr in der Sahara meditiert, der Mensch ändert sich nicht. –

*Stimmen im Vordergrund*

SEKRETÄRIN Frankfurt/Main – Rio de Janeiro?
PILOT Ja.
SEKRETÄRIN Direkt?
PILOT Fast direkt.
SEKRETÄRIN Jede Woche?
PILOT Regelmäßig wie ein Bus.
SEKRETÄRIN Phantastisch.
PILOT Was ist daran phantastisch?
SEKRETÄRIN Es ist abenteuerlich.
PILOT Das ist es nun wirklich nicht. Ich könnte während des ganzen Fluges schlafen, es fiel keinem auf.
SEKRETÄRIN Und wer fliegt?
PILOT Der Bordcomputer.
SEKRETÄRIN Und Sie?
PILOT Ich sitze da so herum.
SEKRETÄRIN Als Flugkapitän?
PILOT Ich begrüße die Gäste an Bord. Starte. Warte auf die Landung. Jeder Hotelportier erlebt mehr.
SEKRETÄRIN Und Rio de Janeiro?
PILOT Tokio ist mir lieber.
SEKRETÄRIN Warum?
PILOT Das Hotel ist besser.
SEKRETÄRIN Das Hotel ist doch egal. Rio.
PILOT Ich verlasse nie das Hotel. Ich schlafe. Ich esse. Ich warte auf den Rückflug. Am Wochenende bin ich zu Hause. Dann verzieh ich mich in meinen Bastelkeller.

*Stimmen im Hintergrund*

VERKÄUFERIN Rechtsanwalt, Arzt, Krankenhaus, Übernachtungskosten, Pannenhilfe, Unfallhilfe, Abschleppen, Bergung, Mietwagen und die Rückfahrt. Alles voll versichert.

HAUSFRAU Wir müssen die sieben Chakras öffnen und mit dem Kosmos eins werden. Der siebenfarbige Regenbogen dringt in uns. Der Bergkristall stellt sich auf unsere Schwingungen ein und schafft ein magisches Feld von Licht und Energie.

VERKÄUFER Es gibt nichts Schlimmeres als das Leben in einem Paradies; irgendwo auf einer einsamen Insel zu hausen, weit ab von allen Menschen, vielleicht ein paar Eingeborene in der Nähe, Palmen und blauer Himmel und Meer. Spätestens nach drei Monaten wirst du verrückt. Es ist die Hölle.

*Stimmen im Vordergrund*

LEHRER Future?
BANKIER Ja, Zukunft.
LEHRER An der Börse?
BANKIER Wo sonst?
LEHRER Und wenn die Kurse fallen?
BANKIER Optionen verkaufen und mit Gold hedgen. Oder Weizen short und mit Bonds long.
LEHRER Was soll ich mit Weizen?
BANKIER Geld verdienen. Mit ein paar Tausendern können Sie Millionen machen.
LEHRER Kann ich auch gleich Roulette spielen.
BANKIER Mit Schweinebäuchen short gehen, den Dollar absichern, eine Option auf den Aktienindex und gleichzeitig Zinsfutures über drei und sechs Monate. Sie üben einfach den Call aus und nehmen eine Putoption.
LEHRER Versteh ich nicht.

BANKIER Das macht alles der Computer. Glauben Sie, das überblickt noch einer?
LEHRER Und woran verdiene ich?
BANKIER An der Differenz.
LEHRER Und wenn morgen alles zusammenbricht?
BANKIER Mit der richtigen Anlagestrategie werden Sie reich.
LEHRER Die Welt geht unter, und ich werde Millionär.
BANKIER Jetzt haben Sie es verstanden.

*Geräuschmontage*

REISEFÜHRERIN *über Mikrophon. Im Hintergrund Disco-Music* Das Bild befindet sich im Inneren eines Palastes. Der Palast ist eher ein Gefängnis. Gewaltige Steinmauern, eiserne Tore, ein Gewirr von Höfen, Treppen, Gängen, Räumen, ein Labyrinth, das zu den inneren Räumen führt, den Gemächern des Fürsten, von da durch eine versteckte Tür und einen geheimen Gang in die Hofkapelle. Es ist der einzige Zugang zum Zentrum dieses grauen Steinlabyrinths, erreichbar nur vom Besitzer des Palastes. In der dunklen Abgeschiedenheit dieses Ortes, den der Maler sieben Jahre lang nicht verließ, entstanden die lichtvollsten Bilder, die wir aus dieser Zeit kennen. Bilder voller Lebenskraft und Lebensfreude. Eine Liebeserklärung, ja, ein Hymnus an die heitere Fülle der Welt, an ihren Glanz, ihre Schönheit, ihre wunderbare Einmaligkeit. Mit dem unerschöpflichen Reichtum seiner Phantasie schuf der Künstler eine Welt, die durch ihre Schönheit die Menschen heute noch in ihren Bann zwingt.

*Schalltoter Raum*

BLINDES MÄDCHEN Wie sind die Menschen gekleidet?
ALTE FRAU Sie tragen Kleider in allen Farben. Rot, blau, weiß, goldene Ketten, goldene Kronen.

BLINDES MÄDCHEN Was trägt denn der Erste? Erklär es mir genauer.

ALTE FRAU Ein elfenbeinfarbenes Gewand, mit Gold eingefasst, von goldenen Ketten gehalten, rote Beinkleider und eine Krone. Er reitet auf einem Pferd.

BLINDES MÄDCHEN Und das Pferd?

ALTE FRAU Ein Schimmel mit rotgoldenem Zaumzeug und einem purpurfarbenen Überwurf.

BLINDES MÄDCHEN Reitet er alleine?

ALTE FRAU Nein, das Pferd wird von Dienern gehalten.

BLINDES MÄDCHEN Was tragen die?

ALTE FRAU Jeder etwas anderes.

BLINDES MÄDCHEN Beschreib es.

ALTE FRAU Einer hat ein Wams an, halb goldfarben, halb schwarz und violette Ärmel. Dazu einen schwarzen Strumpf und einen roten Strumpf. Ein anderer trägt goldene Stiefel und einen goldenen Dolch. Ein Farbiger trägt eine grüne Jacke. Hinter ihm reitet einer in einem golddurchwirkten Hemd mit einem roten Seidenumhang.

BLINDES MÄDCHEN Wie sehen die Menschen aus?

ALTE FRAU Wie meinst du das?

BLINDES MÄDCHEN Sind sie fröhlich?

ALTE FRAU Ja.

BLINDES MÄDCHEN Zufrieden?

ALTE FRAU Ja. Und sehr stolz.

BLINDES MÄDCHEN Sie haben eine lange Reise hinter sich?

ALTE FRAU Ja.

BLINDES MÄDCHEN Und sind jetzt am Ziel?

ALTE FRAU Ja.

BLINDES MÄDCHEN Stehen sie in der Mitte des Bildes?

ALTE FRAU Ja. Sie stehen ganz selbstbewusst im Mittelpunkt.

*leise orientalische Musik*

PILGER Es gibt in Jerusalem gutes Brot und Wein, frisches Wasser und festes Fleisch. Sie bauen gerade so viel an, dass jeder Nahrung hat, nicht überflüssige Speise. Sie füllen sich nicht voll, wie wir es tun. Sie trinken keinen Wein und sind doch starke Leute. Die Männer haben gute Manieren, und die Weiber verhüllen ihr Angesicht. In Jerusalem werden siebenundsiebzig Sprachen gesprochen, und es wohnt da allerlei Volk aus Ländern, von denen ich noch nie etwas gehört habe. Hebräer, Griechen, Armenier, Inder, Türken, Mamelucken, Sarazenen, Juden und viele andere mehr. Es gibt viele Moscheen. Die Priester rufen von den Türmen dreimal laut den Namen Mohammed, und dreimal verrichten alle ihr Gebet, am Morgen, am Mittag und zur Nacht. Ich sah die Kirchen und Tempel der Griechen und der Inder, der Georgier und der Jakobiner und die Synagogen der Juden, schöne große Gebäude aus Marmor und reich geschmückt. Auch die Mohren haben dort ihren Platz. Ich sah sie in einem Tanz mit ganz seltsamen Sprüngen, Weiber, Männer und Kinder. Es sind so viele Sekten in Jerusalem, dass ich es kaum beschreiben mag.

*Geräuschmontage*

*Alle Stimmen im Vordergrund*

INGENIEUR Ein Labyrinth ist heute kein Problem mehr. Ein einfacher Codebaum genügt. Nehmen wir an, es gibt zweiunddreißig Möglichkeiten. Mit fünf Ja-Nein-Fragen haben Sie das Ergebnis. Erste Frage ja, bleiben noch sechzehn Möglichkeiten. Ein Nein, noch acht. Noch mal ja vier, noch mal ja zwei, nein eins. Das ist alles. Setzen Sie für ja rechts, für nein links, heißt die Lösung: rechts, links, rechts, rechts, links. Das ist der Ausweg aus dem Labyrinth.

HAUSFRAU Kreativität. Sensitivität. Flexibilität. Evolution der Intelligenz, morphogenetische Felder, ein schöpferisches Universum. Unsere Alltagswirklichkeit ist nicht dual, die Materie verschwindet im atomaren Unschärfebereich. Alles ist eins, alles ist geistig.

BANKIER Was machen Sie, wenn Sie gezwungen werden, die Kapitalbeteiligung einer Auslandstochter abzubauen? Man muss versuchen, die Kapitalverwässerung in neue Marktchancen zu verwandeln. Man braucht ganz neue Entscheidungsszenarien, um die Auswirkungen der Krise zu meistern.

SEKRETÄRIN Es gibt nur zwei Möglichkeiten im Leben, entweder man kriegt alles, was man will, oder man will alles, was man kriegt. Aber selbst wenn man will, was kriegt man schon. Was hat denn heute noch Wert?

REISEFÜHRERIN *über Mikrophon* Meine Damen und Herren.

VERKÄUFERIN Woher kommen wir, wohin gehen wir, was ist der Sinn unseres Lebens. Wir müssen erfolgreich, wohlhabend und glücklich sein. Armut und Krankheit sind nur eine geistige Fehlhaltung. Misserfolg ist nur eine Zwischenstation auf dem Weg zum Erfolg.

REISEFÜHRERIN *über Mikrophon* Meine Damen und Herren.

LEHRER Reinkarnation. Frei durch Zeit und Raum. Wir begannen mit der Rückführung in die Vergangenheit und erkannten alle Versäumnisse. Dann versetzten wir uns in die Zukunft, und nach der Rückkehr konnten wir uns neu programmieren. Bei der Gelegenheit habe ich meine Frau kennengelernt.

REISEFÜHRERIN *über Mikrophon* Meine Damen und Herren.

VERKÄUFER Das läuft alles computerunterstützt. Die ganze Produktion. Keine Überkapazität, keine Unterkapazität. Die Durchlaufzeiten werden verkürzt, und die Produktionskosten und die Kapitalbindung gesenkt. Kontrolle, Lohndaten, Betriebsdaten, Maschinendaten, alles ein Softwarepaket.

*Geräuschmontage*

REISEFÜHRERIN *über Mikrophon. Im Hintergrund Disco-Music* Meine Damen und Herren, Sie wissen, das Bild, das wir gleich in Natur sehen, ist ein Höhepunkt der Renaissancekunst. Renaissance heißt Wiedergeburt. Der Mensch befreite sich von den Fesseln und Zwängen einer vergangenen Zeit, er trat jetzt selber als Akteur auf die Bühne, selbstbewusst nahm er seinen Platz ein und richtete sich von nun an nach seinen eigenen Gesetzen. Die Maler dieser Zeit sind zu vergleichen mit den Seefahrern und Entdeckern, die die Erde jetzt in Besitz nahmen. Sie erschufen eine neue zentrale Perspektive, ausgerichtet auf das Individuum Mensch, das die Zusammenhänge mit einem Blick aufnahm und damit ihr Herr wurde. Die Addition, die Reihung aller Einzelheiten hin zum Blickpunkt des Menschen, der überlegene Schöpferstandpunkt, von dem her der Künstler eine neue geordnete Welt schafft, in der jedes Ding seinen Platz hat, ist Grundmerkmal aller Renaissancekunst. Das freie Menschenideal der Renaissance, ein kurzer Augenblick, in dem die Harmonie des Ganzen und aller Teile geschaut und gestaltet wird.

*Schalltoter Raum*

BLINDES MÄDCHEN Wie sehen die Felsen aus?
ALTE FRAU Weiß.
BLINDES MÄDCHEN Schneeweiß?
ALTE FRAU Ja, schneeweiß.

BLINDES MÄDCHEN Sind sie sehr steil?

ALTE FRAU Ja. Und sehr hoch.

BLINDES MÄDCHEN Die Pilger ziehen über die Felsen?

ALTE FRAU Auf einem schmalen Pfad.

BLINDES MÄDCHEN Ist es ein Weg?

ALTE FRAU Nein. Es sind Felswände, die aneinanderstoßen, sehr verschachtelt, wie die Mauern eines Labyrinths. Die Menschen überqueren die Berge, gehen ins Tal, ersteigen den nächsten Berg, gehen auf ihm weiter, steigen wieder ab.

BLINDES MÄDCHEN Ich verstehe. Und zwischen den Bergen?

ALTE FRAU Da ist viel Grün.

BLINDES MÄDCHEN Wie sieht es aus?

ALTE FRAU Wiesen, Sträucher, Bäume. Auch Bäume, die man gar nicht kennt. Lorbeer kann ich erkennen. Granatäpfel leuchten rot, dann Weinberge. Und Wälder. Große, grüne Ebenen in voller Blüte, mit Blüten aller Art und in allen Farben. Ich kann es kaum erklären.

BLINDES MÄDCHEN Im Vordergrund sind die Menschen?

ALTE FRAU Ja.

BLINDES MÄDCHEN Sie kommen von weit her?

ALTE FRAU Ja.

BLINDES MÄDCHEN Sie stehen vorne aufgereiht?

ALTE FRAU Ja.

BLINDES MÄDCHEN Das Bild ist oben blau?

ALTE FRAU Das Meer. Ganz oben am Bildrand. Fische und Vögel darüber.

BLINDES MÄDCHEN Dann kommt das Grün?

ALTE FRAU Eine blühende Landschaft. Wege ziehen sich hindurch. Tiere sind zu sehen.

BLINDES MÄDCHEN Dann das Weiß?

ALTE FRAU Die Berge.

BLINDES MÄDCHEN Und im Vordergrund die Menschen. Ja, ich sehe es.

*leise orientalische Musik*

PILGER Auf Sonntag, gegen Tag, zog man die Anker auf, blies die Trompeten, ließ das Geschütz ab, sang den Lobgesang Tedeum Laudamus, auf das wir mit Freuden wieder heimkommen möchten. Am dritten Tag starben ein englischer Herr und ein franzözischer Pilger. Wenn einer starb, so nahm man seine Truhe, legte ihn hinein, schnitt fünf Kreuze darauf und warf ihn ins Meer. Am fünften Tag kamen zu uns viele Delphine und danach ein großer Sturm. An dem Tag starben zwei Pilger, ein Priester und ein Laie. Die warf man auch ins Meer, wie die ersten. Dann hat uns der Sturm zurückgeworfen über 300 Meilen, die wir in 7 Tagen gefahren waren, und wir waren wieder am Ausgangspunkt unserer Reise. Wir fuhren aufs Neue los, kaum erreichten wir das hohe Meer, kam ein ungeheures Wetter mit Donner und Blitz. Es war ein Ungestüm des Meeres mit Wellen wie große Berge, grausam zu sehen und doch wunderbar so, wie wir es sahen. Ich kann es nicht beschreiben. In der Nacht meinten wir, wir müssten untergehen und hatten große Angst. Der Schiffsmeister und seine Knechte waren so erschöpft, dass sie vor Müdigkeit nicht mehr konnten und auf dem Deck lagen, und wenn der Tag nicht angehoben hätte, so wäre das Schiff zerbrochen an den Felsen, und wir hätten ertrinken müssen. So aber riss der Schiffsmeister das Ruder herum, dass wir durcheinanderfielen samt Kisten und Truhen. Dann sang, wer noch konnte, einen Lobgesang, denn viele Leute waren krank von der vielen Angst und Not.

*Geräuschmontage*

*Stimmen im Vordergrund*

VERKÄUFER Landschaft kann man das wohl auch nicht nennen.

PILOT Der Sonnenaufgang soll sehr schön sein, und erst der Sonnenuntergang.

VERKÄUFER Tagsüber die reinste Ödnis. Wie nach einem Waldbrand. Die Olivenbäume sind alle schwarz. Die Weinberge ganz kahl. Die reinste Mondlandschaft.

PILOT Auf dem Mond soll es noch ganz schön sein.

VERKÄUFER Vieh sieht man auch nicht. Haben die keine Schafe, keine Kühe?

PILOT Da war doch dieses Unglück.

VERKÄUFER Die Strahlung ist doch vorbei.

PILOT Das Chemiewerk.

VERKÄUFER Ach ja, stimmt ja. Ich wundere mich schon die ganze Zeit, dass ich nur Militär sehe. Salat kann man ja wieder essen.

PILOT Fische sind noch verboten.

VERKÄUFER Fische sind das Ende der Nahrungskette.

PILOT Das Ende der Nahrungskette sind wir.

*Stimmen im Hintergrund*

GALERISTIN Der heutige Mensch stammt aus der Eiszeit. Jäger und Sammler. Leben in Höhlen. Feuer und Werkzeug. Wandbemalung und Grabkammern. Ackerbau und Viehzucht. Dann Häuser und Paläste und so weiter bis heute. Verschiedene Kulturschichten. Ablagerungen in Wüste und Fels. Hinterlässt Knochen und Kunst. Es gibt ganze Völker, die uns nur ihre Kunstwerke hinterlassen haben. Sonst wissen wir nichts von ihnen. Interessant, finden Sie nicht?

SEKRETÄRIN Überlebe. Ü überdenke die Lage. B bewahre Ruhe. E erinnere dich, wo du bist. R richte deine Gedanken gegen Furcht und Panik. L lerne zu improvisieren. E erkenne den Wert des Lebens. B benimm dich wie die Eingeborenen. E erarbeite dir grundlegende Fähigkeiten. Überlebe. Das war unser Alphabet.

DOLMETSCHERIN Ohne Kompass, ohne Karte, ohne Uhr. Einen Stock in den Boden stecken. Den Schatten genau markieren.

Eine Linie durch die beiden Markierungen ziehen, und man hat die Ost-West-Linie. Eine Linie im rechten Winkel dazu, und man hat die Nord-Süd-Linie. Die einzige Möglichkeit, sich in der Wildnis zu orientieren. Natürlich muss die Sonne scheinen.

*Stimmen im Vordergrund*

VERKÄUFER Wer hat dich, du schöner Wald – Na ja, Bäume gab es ja hier nie besonders viele.
PILOT Das war früher alles bewaldet. Alles abgeholzt. Krank.
VERKÄUFER Ich hab noch keinen kranken Baum gesehen. Die paar Bäume, die hier stehen, sind doch gesund, das sieht man doch.
PILOT Eben. Die anderen sieht man nicht mehr.
VERKÄUFER Ah, Sie meinen – Na ja sicher.
PILOT Entweder gesunde Bäume oder gar keine Bäume.

*Stimme im Hintergrund*

LEHRER Das Bild umfasst die ganze damalige Welt. Nun ja. Vielleicht war das noch eine Entdeckung. Aber was wollen Sie heute noch entdecken, wo die ganze Welt auf einen Chip passt. Denken Sie sich einen Punkt am Rande des Universums, sagen wir zehn hoch fünfundzwanzig, und Sie werden mit den besten Teleskopen nicht mal unsere Milchstraße erkennen. Fahren Sie heran, zehn hoch dreiundzwanzig, die Milchstraße. Zehn hoch dreizehn, unser Sonnensystem. Zehn hoch sieben, die Erde. Zehn hoch fünf, eine Stadt. Zehn hoch null, ein Mensch. Zehn hoch minus eins, seine Hand. Zehn hoch minus zwei, die Haut. Zehn hoch minus fünf, ein Blutkörperchen in einer Ader. Zehn hoch minus acht, ein Molekül der Erbsubstanz. Zehn hoch minus zwölf, die sich bewegenden Protonen eines Atomkerns. Zehn hoch minus sechzehn, die Unschärfezone der Materie. Alles löst sich auf. Die Grenzen der Erkenntnis.

*Stimmen im Vordergrund*

VERKÄUFER Das Wasser ist aber klar, ganz klar sogar. Das kommt garantiert aus einer Kläranlage.

PILOT Das Wasser ist tot. Wenn es so klar ist, ist es tot. Dann ist kein Leben mehr vorhanden. Leben ist Bewegung, Fische, Pflanzen, alles bewegt sich, alles quirlt durcheinander.

VERKÄUFER Aber es sieht so kristallklar aus.

PILOT Kristallklar ist tot.

*Stimmen im Hintergrund*

SEKRETÄRIN Einen Bogen mit einem Stück Schnur um einen Holzpflock binden, und den Pflock in einem Klotz hin und her drehen, so lange, bis Rauch aufsteigt, dann langt es für ein Feuer. Es war wie in der Steinzeit. Feuer ohne Streichhölzer. Selbstgemacht.

DOLMETSCHERIN Man kann alles essen. Heuschrecken, Maden, Ameisen, Blutegel. Wir haben zwei Wochen so gelebt. Schlangen und Eidechsen waren Leckerbissen. Auch mit Pflanzen und Wurzeln können Sie wochenlang überleben, man muss natürlich wissen, welche giftig sind.

SEKRETÄRIN Am schlimmsten sind die Insekten, die Moskitos, die Fliegen. Man verhungert nicht, man verdurstet nicht, man stirbt an den Insekten. Wir haben uns von oben bis unten mit Dreck eingeschmiert, und sie kamen noch durch den Dreck.

HAUSFRAU Erkennen, wohin die Erde uns führt. Tanz, Musik, Magie. Beziehungen zu außerirdischen Lebensebenen. Identifikation mit dem Du. Spiegelung und Selbsterfahrung. Meditation und Introspektion. Eine Reise zum eigenen Wesenskern.

*Stimmen im Vordergrund*

VERKÄUFER Ich habe da einen medizischen Bericht gelesen, dass das alles nicht so schlimm sei.

PILOT Ein Gutachten sagt, dass es nicht schlimm sei, ein anderes sagt, dass es sehr schlimm sei, und ein drittes sagt, dass man gar nichts wisse. Es kommt eben darauf an, was man hören und sehen will.

VERKÄUFER Und wer nichts hören und sehen will?

PILOT Der lebt auch.

VERKÄUFER Sag ich doch.

PILOT Bis er daran stirbt.

VERKÄUFER Sterben müssen wir sowieso.

*Geräuschmontage*

REISEFÜHRERIN *über Mikrophon, im Hintergrund Disco-Music* Hier noch einige Informationen zum Schicksal des Malers. Aus Berichten seiner Zeitgenossen wissen wir, dass er nach den Jahren der Dunkelheit, in denen er die Kapelle ausmalte, das Tageslicht nicht mehr ertrug und für den Rest seines Lebens am Hof des Fürsten in einem abgedunkelten Raum lebte. Einige Zeitgenossen sagen, als Gefangener des Fürsten, der nicht wollte, dass andere außer ihm von der Existenz der Bilder und ihrem Inhalt erfuhren. Aber es gibt auch das Zeugnis des Malers aus einem Brief an seinen Bruder: ›Dass ich nicht mehr das Licht der Welt ertrage, ist zu einem gut Teil Schuld dieser Welt.‹ Einige Kunsthistoriker schließen daraus auf eine Diskrepanz zwischen dem Bild des Malers von der Welt und der Welt wie sie ist. Eine Chronik berichtet, dass er im hohen Alter oft bei einbrechender Dunkelheit auf der Piazza gesessen habe und mit seinen Augen durch die Menschen hindurch starr in die untergehende Sonne blickte.

BLINDES MÄDCHEN Sind die Berge weiß, damit die Menschen besser zu sehen sind?

ALTE FRAU Ja, das könnte sein. Die Menschen ziehen wie eine bunte Girlande hindurch.

BLINDES MÄDCHEN Und im Vordergrund zeigen sie ihren ganzen Reichtum?

ALTE FRAU Ja.

BLINDES MÄDCHEN Wie auf einer Bühne.

ALTE FRAU Ja, so ist es.

BLINDES MÄDCHEN Sie nehmen das ganze Bild ein.

ALTE FRAU Ja.

BLINDES MÄDCHEN Und im Hintergrund ist die Natur. Felsen, Wälder, Wiesen, Bäume, Wasser.

ALTE FRAU Ja.

BLINDES MÄDCHEN Ich kann es mir jetzt vorstellen. Ohne die Menschen wäre das Bild leer.

ALTE FRAU Bestimmt.

BLINDES MÄDCHEN Aber ohne die Natur würden die Menschen nicht so auffallen.

ALTE FRAU Ja, das ist wahr.

BLINDES MÄDCHEN Es wirkt so schön, weil sie ihren Reichtum nicht in einem Schloss, sondern in der Natur zeigen.

ALTE FRAU Ja, das stimmt.

BLINDES MÄDCHEN Die bunten Kleider, das Gold, es fällt mehr auf in der Sonne, vor grünen Hügeln, vor weißen Felsen.

ALTE FRAU Ja.

BLINDES MÄDCHEN Es fällt mehr auf, weil die Natur so schön ist.

ALTE FRAU Ja.

BLINDES MÄDCHEN Ich sehe es jetzt.

*leise orientalische Musik*

PILGER Als ich in meine Stadt und in mein Haus zurückkehrte, fand ich keinen Bruder mehr, aber meines Bruders Frau und zehn Kinder, die er mir hinterließ. Da war ein groß Geschrei und Weinen um ihren Vater und ein traurig Leben. War aber auch eine große Freude, dass ich wiederkam, gesund und frisch. Also hatten wir Freud und Leid miteinander. Es waren in der Zeit dreitausend Menschen an der Pest gestorben, Jung und Alt. Auch mein Bruder starb daran. Da so viele Leute starben, war Korn, Wein und wovon man leben sollte, teuer. Die Menschen, die noch am Leben waren, wurden einander gram, dass es ein Unding war. Es waren alle einander untreu und böse geworden. So habe ich die Welt gesehen.

*Geräuschmontage*

*Alle Stimmen im Vordergrund*

VERKÄUFER Wie ich diese Reisen hasse.
VERKÄUFERIN Sagst du jedesmal.
VERKÄUFER Was hab ich in den letzten zehn Jahren gesehen? Mindestens hundert Kirchen, tausend Museen, hunderttausend Bilder. Ich erinnere mich an nichts mehr.

INGENIEUR Weltumseglung. Rund um die Welt, und das in einem zehn Meter langen Boot. Einhandsegler. Ganz allein auf sich gestellt in einem riesigen Ozean. Man ist mit seinem Schiff verwachsen. Man spricht mit den Möwen, den Delphinen, den fliegenden Fischen. Man wird eins mit ihnen und dem Meer.

PILOT Siebter Grad. Nicht mit Seilen und Pickeln und Haken hier und Ösen da sich am Berg hochziehen lassen von einem Bergführer. Hände, Füße, Finger, Zehen. So muss man den Berg angehen. Man muss ihn an sich pressen. Über Geröll und Eis. Freihändig. Steigeisen weg. Pickel weg. Seil weg.

SEKRETÄRIN Man muss die Vögel beobachten. Sie kennen sich aus. Oder am Fuß einer Klippe unter Felsbrocken suchen.

DOLMETSCHERIN Und man kann von Plankton leben. Von Seetang, Algen, Schwämmen, Medusen, Seeanemonen. Mit Handschuhen anfassen und in Salzwasser kochen.

LEHRER Schlammiges Wasser voller Ungeziefer, was machen Sie? Durch ein mit Sand gefülltes Tuch gießen, Holzkohle vom Feuer dazu, um den Gestank zu beseitigen. Eine Stunde stehenlassen.

GALERISTIN Alles wird verdampfen. Alles wird verglühen. Ein einziger Feuerball, der alles in Asche verwandelt.

BANKIER Man kann überleben. Man muss nur wollen. Es kommt auf den Lebenswillen an.

GALERISTIN Nichts wird stehenbleiben. Kaum ein Mensch wird überleben. Die gesamte Natur ist verseucht. Wer noch lebt, verhungert.

BANKIER Wir haben zehntausend Mark für unseren Überlebenskurs bezahlt, wir wissen, was wir zu tun haben.

GALERISTIN Gräser und Insekten werden übrigbleiben, das ist alles. Und die Erde wird dunkel sein. Glühendheiß oder eiskalt, je nachdem. Eine ewige Nacht.

REISEFÜHRERIN *über Mikrophon. Im Hintergrund Disco-Music*
Darf ich noch einmal um Ihre Aufmerksamkeit bitten. Dankeschön. Bevor wir das Bild betrachten, möchte ich Ihnen nur rasch das Programm von morgen vorstellen. Sie können wählen zwischen der Besichtigung des Vulkankraters, Tiefseetauchen von einer Hochseejacht, Weinprobe im Klosterkeller. Die Rezeption nimmt Ihre Wünsche bis Mitternacht entgegen.
Und im nächsten Jahr bieten wir Ihnen:
Mit einem Versorgungsschiff zu den Pinguinen.

Skiwandern in Sibirien.
Rentiersafari in Lappland.
Paddeln in Neuseeland.
Sie sehen, wie immer ist für jeden etwas dabei. Bitte buchen Sie jetzt schon für das nächste Jahr. Buchen Sie bei uns, und Sie sehen die Welt.

*Ende*

Ein Fernsehspiel mit zwei Titeln. Die Geschichte eines Topmanagers der Nachkriegszeit, sein Aufstieg und sein Fall, reproduziert von einem Fernsehteam für das Fernsehen. Da versucht das Medium einen Mann nach seiner Dramaturgie bildgerecht in den Griff zu bekommen, während dieser Mann das Medium über die Sprache für seine Darstellung benutzen will.

Wie fing das alles an? Wie begann so eine Laufbahn? Welche Voraussetzungen und Bedingungen ermöglichten den Aufstieg? War es nur die Leistung, oder war da auch Glück im Spiel, ein Zufall, oder hat man in einer bestimmten Situation dem Zufall etwas nachgeholfen?
Und warum dann eines Tages der Absturz? An der Leistung liegt es fast nie, die wird im Nachhinein immer noch bescheinigt. Seltsame Umstände treffen da oft zusammen. Und so, wie am Anfang das Kamerateam über den Tatort vom Vorabend diskutiert, so könnte man zum Schluss auch der Meinung sein, einen Tatort miterlebt zu haben.
Denn in der Regel beginnt ein Tatort mit einem Schuss und einer Leiche. Kommissare rekonstruieren den Fall, das heißt das Leben des Toten, das Bild des Menschen, ohne dass der Zuschauer begreift, dass die Wahrheit eines Mediums begrenzt ist, dass ein unerklärlicher Rest bleibt, hinter der die Wirklichkeit des Einzelnen überhaupt erst beginnt. Und deshalb ist das kein Tatort. Weil dieses Fernsehspiel zeigt, dass die mediale Wahrheit über einen Menschen immer inszeniert ist.
Und weil sich vieles in diesem Fernsehfilm ins Unerwartete dreht, ist das einmal ein Fernsehspiel mit zwei verschiedenen Titeln. Einem Anfangstitel, ›Der Aufstieg‹, den das Team als Arbeitstitel am

Anfang nimmt, und einem Schlusstitel, der dem fragestellenden Fernsehjournalisten angemessener erscheint ›Ein Mann geht verloren‹.

Peter Patzak hat dieses Drehbuch für den Südwestfunk in Szene gesetzt mit dem wunderbaren Ernst Schröder in der Hauptrolle. »Wie Ernst Schröder die Sätze funkeln ließ, wie sich in seinem Gesicht Schläue, Sarkasmus und Trauer mischte, wie er zuletzt in sich zusammenkroch, krank, ausrangiert, am Ende – ein fesselndes Schauspiel.«: Hör zu.

Der Film wurde vom Feuilleton der Frankfurter Allgemeinen Zeitung zum Fernsehspiel des Monats gewählt, erreichte 29% Sehbeteiligung, das waren immerhin 8 Millionen Zuschauer.

Im Deutschen Allgemeinen Sonntagsblatt schrieb Manfred Delling:
»Der pleitegegangene Konzernherr W. P. Manz (ein wohltuendes Wiedersehen im Übrigen mit dem großartigen Darsteller Ernst Schröder) funktioniert ein Interview in seiner herrschaftlichen Villa, das vom angereisten Fernsehteam gewiss nicht zu seinem Lobgesang eingeplant ist, um. Er nutzt die vorgefassten Fragen des alsbald verdatterten Interviewers zu einer furiosen Selbstdarstellung des Aufstiegs und Falls eines aus kleinbürgerlichen Verhältnissen aufgestiegenen Tycoons, der eines Tages merkte, dass er nie zu denen ›da oben‹ gehören wird, aber auch nicht mehr zu denen ›da unten‹. Wie F. Scott Fitzgeralds ›Großer Gatsby‹ scheitert er schließlich an der geschlossenen Front des überlieferten Geldadels, der nur auf einen Fehler des Emporkömmlings gewartet hat.
Der Zwergschüler Manz freilich, alles andere als ein hemdsärmeliger Boofke, kunstverständig (Yves Kleins ›Monochromes Blau‹ ist sein Lieblingsbild, und seinen Hochsitz hat er mit Reproduktionen von Bosch, Hieronymus, tapeziert), hochintelligent und

skrupellos innerhalb der Legalität – Manz weiß nicht nur seine eigene Vita, sondern auch die sozialpsychologischen Befindlichkeiten der bundesrepublikanischen Nachkriegsgesellschaft scharfsinnig, sarkastisch und druckreif zu reflektieren. ›Leistungsgesellschaft?‹, sagt Manz, ›Wenn ich das schon höre. Das ist eine Kreditgesellschaft.‹ Er ist von Dieter Fortes Gnaden ein Meister in Aphorismen. Ich habe seit langem kein in seinen Dialogen so donnerndes und blitzendes, dialektisch brillantes, ja szenenweise atemberaubendes Fernsehspiel gesehen.
Ein kleines Meisterwerk des Salonstücks, so, wie es in der englischen Literatur Tradition hat, in der etwa Oscar Wilde und Somerset Maugham die Balance hielten zwischen Boulevard und tiefgründelndem Schauspiel. Zu Beginn zitiert Forte einen ›Tatort‹, was allerdings, wie man später merkt, nur auf die trivialen Erwartungen und Angebote dieses Fernsehspektakels zielt. Sein Lieblingswort, sagte Gottfried Benn einmal, sei ›interessant‹. Ob ein Kunstprodukt interessant ist oder nicht, sei das Einzige, was ihn interessiere. In diesem Sinne war Dieter Fortes Fernsehspiel ein Glanzstück.«

# Der Aufstieg – Ein Mann geht verloren
*Ein Fernsehspiel*

*Personen*

W. P. MANZ Konzernchef

GERD WOLF Fernsehreporter

EDE KERN Kameramann

LUDWIG THIEME Tonmeister

KARL VON ARX Kameraassistent

SEKRETÄRIN

KONKURSVERWALTER

WIRTIN

*1*

*Ein kleiner Reportagewagen fährt über eine Bundesstraße. Im Wagen – am Steuer – der Kameraassistent, neben ihm der Kameramann, hinten sitzen der Tonmeister und der Reporter.*
*Es ist früher Morgen, schläfrige Stimmung. Der Wagen fährt.*

KERN Hast du gestern den Tatort gesehen?
ARX Hm.
KERN Warum nun ausgerechnet der den ermordet haben soll. Der Mörder hätte genauso gut ein anderer sein können.
ARX Den haben die sich wahrscheinlich ausgeknobelt.
THIEME Ich gehe immer nach der Besetzung. Der Star war es immer.
KERN Das besagt ja noch lange nicht, dass die Geschichte auch stimmt.
THIEME Die Geschichte stimmt nie. Einer ist tot, und einer ist der Mörder. Das ist die Geschichte.
Einen Schuldigen musst du haben. Ohne den gehts nicht.
ARX Und wenn alle schuldig sind?
KERN Schuldig sind viele, aber einer muss den Mörder nun mal machen. Das ist so.
ARX Vor der Kamera.
KERN Auch im Leben.
WOLF Also eure Sorgen möchte ich haben.
KERN Ah, guten Morgen.
THIEME Was haben wir heute?
WOLF Manz-Konzern.
KERN Den ganzen Konzern?

WOLF Nur Manz persönlich.

THIEME Statement? Interview?

WOLF Gespräch im privaten Rahmen.

KERN Hoffentlich hab ich da genug Film mit.

THIEME Und wie sieht das im Einzelnen aus?

WOLF Ich habe nur ein Gerüst. Wir müssen vor Ort weitersehen.

THIEME Archivmaterial?

WOLF Wenig brauchbar. Die schreiben alle seit dreißig Jahren voneinander ab. Immer dieselbe Lovestory.

THIEME Und im Filmarchiv?

WOLF Nur Statements zu Tagesfragen, uninteressant.

KERN Und wie schleichen wir uns da an?

WOLF Mal sehen.

ARX Manz? Das war doch dieser Skandal?

THIEME Ja ja. Habe ich auch gelesen.

KERN Hat der nicht krumme Dinger gedreht? Steuerhinterziehung, Betrug, verschwundene Millionen?

WOLF Das ist eben alles nicht so klar.

THIEME Jedenfalls ist er bankrott.

KERN Ich denke, der Konzern ist bankrott.

ARX Aber den Konzern gibt es doch noch?

KERN Und der wird sein Schäfchen auch im Trockenen haben.

ARX Was will er denn erzählen?

WOLF Die Wahrheit.

KERN Auch das noch.

ARX Glaubst du das?

WOLF Ich habe mit ihm telefoniert. Er will auspacken, er will alles erzählen.

KERN Die Redensarten kenn ich.

THIEME Warum soll er nicht auspacken wollen?

KERN Vielleicht am Telefon. Aber vor der Kamera?
Der erzählt uns nur das, was sowieso schon in der Presse steht.
Warum soll er uns mehr erzählen?

WOLF Er will einmal richtigstellen, was da gelaufen ist und wie es gelaufen ist.

KERN Märchen wird der erzählen.

WOLF Ich werd ihn schon bremsen.

KERN Das muss man vorher festlegen. Teil dir die Sache ein. Kindheit, Jugend, Aufstieg, Abstieg, Feierabend. Die Kindheit war arm, aber unschuldig. Die Jugend schön, aber bemerkenswert. Der Aufstieg einmalig. Der Abstieg unverdient. Und der Feierabend verdient. Für jeden Take vier Minuten, und sag ihm das vorher. Vier Minuten.

WOLF Hast du nur zwanzig Minuten Film dabei?

KERN Ich habe noch immer genug dabei gehabt, aber ich will ein anständiges Drehverhältnis haben. Und da muss die Marschroute klar sein.

ARX Er will seinen Mörder haben.

WOLF Aber wir wissen doch noch gar nicht, was er erzählt. Was weißt du von seinem Leben?

KERN Dass er Geld verdient hat.

WOLF Das ist auch alles.

THIEME Also ich will mich ja nicht einmischen, aber ein bisschen sollten wir uns schon festlegen.

WOLF Ein Gerüst ist da. Kindheit, Jugend wird kein Problem sein. Aber dann wird es schon schwierig. Da gibt es Punkte, wo ich nachhaken muss. Wie er da reagiert, weiß ich auch nicht. Ich kann ihm seinen Text ja nicht vorschreiben. Er ist schließlich kein Schauspieler.

KERN Was die Schauspielerei anlangt, da ist der uns allen über. Das ist bestimmt einer, und zwar ein guter. Sonst wäre er nicht da oben.

ARX Jetzt ist er ja wieder unten.
Also Aufstieg und Fall eines Multimillionärs.

WOLF Ja. Und warum so einer aufsteigt und fällt.

ARX Titel?

WOLF Weiß ich noch nicht.

ARX Nur für den Produktionsplan.

WOLF Wenn der Titel erst da steht, dann steht der da auch bis zum bitteren Ende. Und wenn er noch so falsch ist.

ARX Also, ich vermerke extra, Titel wird nach Produktion festgelegt. Geht es nur um ihn?

WOLF Nein, auch um die ganze Nachkriegszeit.

ARX Dann nennen wir das jetzt: Der Aufstieg.

*2*

*Totale: Der Reportagewagen fährt an einer Fabrik vorbei.*
*Auf dem Flachdach der Fabrik steht in großen Buchstaben MANZ-WERKE.*
*Der Reportagewagen hält. Der Kameramann springt heraus. Er nimmt seine Kamera und filmt.*
*Der Titel wird eingeblendet: DER AUFSTIEG*

*3*

*Der Reportagewagen fährt vor einem sehr großen Jagdhaus vor. Das Team steigt aus.*

THIEME Eine Konzernzentrale hab ich mir eigentlich anders vorgestellt.

KERN Heutzutage kannst du dich auf gar nichts mehr verlassen.

ARX Vielleicht ist das nur Tarnung. Da drunter hat der einen Atombunker mit einem Riesencomputer. Das Elektronengehirn am Waldessaum.

THIEME Mit deinem Gehirn lass uns jetzt lieber in Ruh.

KERN Wetten, dass diese bescheidene Jagdhütte seiner Frau gehört und er nur zur Miete wohnt?

WOLF Seine Frau starb unter ungeklärten Umständen.

ARX *Er spinnt ein bisschen herum.* Vielleicht ein perfekter Mord. Und wer war der Mörder? Wer hat ein Motiv? Der Ehemann. Die Frau kannte die dunklen Punkte in der Karriere und wollte auspacken. Sie wollte das Fernsehen anrufen, aber ihr Mann kam ihr zuvor und –

MANZ *erscheint in der Türe* Kommen Sie herein, meine Herren.

KERN Dürfen wir Ihnen Ihr schönes Eigentum zertrampeln?

MANZ Ich habe es nur gemietet.

KERN Ach so.

MANZ Nach dem Tod meiner Frau gehört das alles meiner Tochter.

WOLF Es gehört Ihnen. Und es gehört Ihnen doch nicht.

MANZ So ungefähr.

*Sie gehen in das Haus.*

## 4

*Ein luxuriös eingerichteter Salon*
*Das Team baut seine Geräte auf.*

KERN Stecker passen. Ich habe Stecker für ganz Europa dabei. Strom ist Strom, aber in den Steckern liegt Europas Individualität.

MANZ Das sagt der wohl jedesmal.

WOLF Er will damit die Atmosphäre auflockern. Es ärgert ihn, wenn Sie nachher verkrampft vor der Kamera sitzen.

MANZ Ich stehe nicht zum ersten Mal davor.

WOLF Da ging es aber meistens um Sachfragen, Wirtschaftsprobleme.

MANZ Stimmt.

WOLF Während wir ja heute persönlicher werden wollen.

MANZ Ja.

WOLF Das ist schwieriger.

MANZ Ich denke, ich werde es durchstehen.

WOLF Ich hoffe, Sie werden mir helfen.

MANZ Das kommt auf die Fragen an. Sind bestimmte Fragen vorbereitet?

WOLF Nein. Eigentlich nicht. Ich improvisiere.

MANZ Zunächst höflich, dann hart anschießen.

WOLF Das kommt auf die Antworten an.

ARX Fangen wir hier drin an?

WOLF Ja. Wir werden auch einmal vors Haus gehen, es ist sicher gut, wenn wir ein paar Pausen haben.

MANZ Ich überlasse es Ihnen.

KERN *misst das Licht* Ich schlage vor, wir nehmen zunächst diese Ecke hier.

*Manz und Wolf nehmen in einer Sitzecke Platz.*

MANZ So? Oder soll ich –

KERN Nein, wunderbar, bleiben Sie nur so sitzen.

*Das Team richtet seine Geräte ein.*

MANZ Wie fangen wir an?

WOLF Logischerweise mit Ihren Millionen.

MANZ *lacht*

WOLF Sie waren einer der reichsten Männer Deutschlands.

MANZ Ich war immer nur arm.

WOLF Das dürfen Sie aber gleich vor der Kamera nicht sagen.

MANZ Warum nicht?

WOLF Weil es nicht glaubhaft ist.

MANZ Sie wissen nicht, was Reichtum ist, junger Mann.

WOLF Gut, es gibt Reichere als Sie, es gibt auch welche, die länger reich sind, Sie waren nur sehr kurze Zeit wirklich reich, aber Sie gehörten doch dazu.

MANZ Ich gehörte nie dazu.

WOLF So machen Sie es mir nur schwer. Wie soll da ein Porträt zustande kommen. Wenn Sie nichts sagen, bleiben wir in Mutmaßungen stecken. Wenn Sie wollen, dass die Wahrheit auf den Bildschirm kommt –

MANZ Ich gehörte nie dazu, das ist die Wahrheit.

WOLF Wenn Sie meinen. Aber das bringt nichts. Sie haben doch mit Ihren Firmen Milliarden umgesetzt.

MANZ Umgesetzt.

WOLF Gut. Aber Sie selbst waren auch Millionär.

MANZ Das ist durchaus möglich. Ich habe es nie so genau gewusst. Es ist sehr schwer festzustellen. Die Firmen gehörten mir, aber eigentlich auch wieder nicht.

WOLF Ich kann Sie nachher schlecht nach Ihrer Armut fragen.

MANZ Ich war bestenfalls ein so kleiner Millionär. Bestenfalls. Aber das ist überhaupt nichts.

WOLF Da dürften die Meinungen geteilt sein. Eine Million ist eine ganz hübsche Summe.

MANZ Ja, als Geld. Aber für einen Millionär ist das gar nichts. Was ist das denn, ein Millionär? Was ist man da?

WOLF Reich.

MANZ Reich sind andere.

WOLF Ja jetzt.

MANZ Jetzt und immer schon.

WOLF Aber Sie waren doch mehrfacher Millionär.

MANZ Mehrfacher Millionär ist nicht mal eine Berufsbezeichnung. Die anderen haben Milliarden. Und wie lange schon.

WOLF Der Unterschied von einer Million zu einer Milliarde –

MANZ Eine Milliarde?

WOLF Von mir aus hundert Milliarden, das ist doch –

MANZ Das ist wie die Entfernung zur Sonne. Für normale Menschen unerreichbar. Und wenn man trotzdem in ihre Nähe kommt, stürzt man verbrannt ab.

WOLF Gut, solche Leute haben ein paar Villen mehr, ein paar Fabriken mehr –

MANZ Sie haben die Welt. Ich war dagegen doch nur ein armer Schlucker.

WOLF Als Millionär?

MANZ Ich war näher bei den Armen als bei den Reichen.

WOLF Das ist doch nicht Ihr Ernst. Wollen Sie, dass wir so etwas senden? Das ist doch lächerlich.

MANZ Es ist die Wahrheit.

WOLF Wollen Sie wirklich behaupten, Sie hätten bei den Armen gehaust?

MANZ Nein. Aber ich hatte jeden Tag Angst, wieder arm zu sein.

WOLF Um diese Angst würde Sie jeder Arme beneiden.

MANZ Das kann schon sein. Aber wenn er sie hätte, nicht mehr. Jeder, der etwas besitzt, hat Angst, es zu verlieren. Haben Sie ein Haus?

WOLF Ja.

MANZ Pensionsberechtigt?

WOLF Ja.

MANZ Eine feste Anstellung?

WOLF Ja.

MANZ Haben Sie schon mal geträumt, das alles zu verlieren?

WOLF Schon.

MANZ Angstträume?

WOLF Ich bin kein Millionär.

MANZ Je mehr Sie haben, desto mehr können Sie verlieren, umso größer ist Ihre Angst.

WOLF Das wird ja heiter. Was sollen wir da senden? Alle Reichen haben Angst?

MANZ Die Reichen nicht. Aber ich war nie reich.

WOLF Mehrfacher Millionär.

MANZ Ja, aber nicht reich. Es gibt Größenordnungen, die kann man sich nicht vorstellen. Es gibt Besitz, so unvorstellbar, da kann man sich die Armut schon wieder leisten. Da macht es nichts mehr. Da sind Sie reich, wenn Sie aus der Mülltonne fressen. Man macht es Ihnen höchstens nach. Können Sie sich einen armen Rockefeller vorstellen? Der Mann kann gar nicht mehr arm werden. Selbst wenn er sich anstrengt. Der nimmt immer mehr ein, als er rausschmeißen kann. Eine Million können Sie in zehn Sekunden verpulvern, und dann stehen Sie da.

KERN Ich schlage vor, wir fangen mal mit dem Drehen an.

THIEME *stellt ein Mikrophon vor die beiden auf den Tisch*

KERN Willst du im Anschnitt sitzen, oder –

WOLF Normale Gesprächssituation.

KERN Dann nehm ich euch zu Anfang beide von vorn, so nebeneinander. Damit die Zuschauer euch kennenlernen. Wer macht die Klappe?

ARX Ich mach schon.

THIEME Moment.

MANZ Soll ich in die Kamera sprechen?

WOLF Nein, schauen Sie mich an.

ARX Fertig?

THIEME Ton läuft.

KERN Kamera läuft.

ARX Manz, die erste. *Er klatscht in die Hände.*

WOLF Herr Manz, Sie waren einer der reichsten Männer Deutschlands.

MANZ Sagen wir, ich war nicht unbedingt arm.

WOLF Das Understatement eines Mannes, der es sich leisten kann.

MANZ Zur Zeit kann ich mir wenig leisten.

WOLF Darauf kommen wir noch. Was unsere Zuschauer interessiert, ist zunächst einmal die Frage, wie wird ein Mann aus kleinsten Anfängen heraus zum Multimillionär.

MANZ Durch Arbeit.

WOLF Die meisten unserer Zuschauer arbeiten, ohne dass sie gleich Millionäre werden.

MANZ Natürlich spielen noch andere Dinge eine Rolle.

WOLF Welche?

MANZ Die Zeitumstände, die Situation, Glück.

WOLF Welche Zeitumstände würden Sie als günstig bezeichnen?

MANZ Die Zeit nach einem Krieg. In einer festgefügten Gesellschaft ist es sehr schwer aufzusteigen. In einer ungeordneten, chaotischen Situation, in der alle gleich sind, erwischt man schon einmal den Fahrstuhl nach oben.

WOLF Waren nach dem Krieg alle gleich?

MANZ Alle nicht, aber die meisten.

WOLF Ohne Krieg hätten Sie Ihren Fahrstuhl nach oben also nicht erwischt?

MANZ Das weiß ich nicht. Es wäre bestimmt schwieriger gewesen. Der Krieg bringt eben allerlei durcheinander.

WOLF Vielleicht gehen wir chronologisch vor. Haben Sie studiert?

MANZ Nein.

WOLF Abitur?

MANZ Nein.

WOLF Überhaupt nicht auf einer höheren Schule gewesen?

MANZ Nein, nur fünf Jahre Volksschule. Alle Jahrgänge in einer Klasse. Auf dem Dorf.

WOLF Wie haben Sie dann später Ihre finanziellen Transaktionen durchführen können?

MANZ Lernt man das in der Schule?

WOLF Sicher nicht. Aber eine gute Ausbildung ist doch die beste Voraussetzung für –

MANZ Sie haben sicher studiert?

WOLF Ja.

MANZ Doktor?

WOLF Ja.

MANZ Aber Sie befragen jetzt mich nach Dingen, die Sie offenbar nicht wissen.

WOLF Man kann nicht alles wissen.

MANZ Nein. Aber es kommt doch sehr darauf an, was man weiß. Es ist ein Unterschied, ob man durchs Leben geht oder durch die Schulen und Universitäten. In dem Alter, in dem Sie Ihren Doktor machten, worüber haben Sie promoviert?

WOLF Das spielt hier keine Rolle.

MANZ In dem Alter habe ich schon Menschen beschäftigt.
Und ich habe diese Menschen gekannt, sehr gut sogar.

WOLF Alle wohl nicht, sonst wären Sie jetzt nicht bankrott.

MANZ Ich habe die Reichen nicht gekannt. Das ist auch schwer. Es gibt nicht so viele.

WOLF Stop Stop. Das bringt nichts. Wir können hier ja jetzt nicht ein philosophisches Gespräch anfangen.

KERN Dann wechsle ich gleich mal die Kassette.

*Das Team ist mit seinen Geräten beschäftigt.*

MANZ Warum haben Sie das eben so peinlich abgefragt?

WOLF Zur Information.

MANZ Die besitzen Sie doch längst. Diese ›Information‹, wie Sie das nennen, kennt doch jeder. Ehemaliger Volksschüler leitet Weltkonzern. Das waren doch Schlagzeilen. Die haben Sie doch da in Ihrer Mappe.

WOLF Ich wollte es von Ihnen hören.

MANZ Soll ich Ihnen Zeitungsklischees bestätigen? Diese ›Berufsliste‹ von mir: Volksschüler, Hilfsarbeiter, Gärtner, Straßenarbeiter und so weiter. Merken Sie nicht, dass diese Liste an einem bestimmten Punkt immer abbricht?

WOLF Ich habe das gemerkt.

MANZ Sie. Aber nicht die Zeitungsleser. Und jetzt wollen Sie mich hier darauf festlegen. Ich soll Ihnen das allgemeine Vorurteil vor der Kamera bestätigen. Auf so ein Interview verzichte ich.

WOLF Wir können ja schlecht behaupten, dass Sie auf der Universität waren.

MANZ Das hat kein Mensch von Ihnen verlangt. Aber auf der Volksschule waren ja wohl alle mal. Warum ist das bei dem einen erwähnenswert und bei dem anderen nicht. Können Sie mir das sagen?

WOLF *zuckt die Schultern.*

MANZ Dann sag ich es Ihnen. Weil Ihre Universität ein Statussymbol geworden ist. Gesellschaftlich nützlich, aber sonst.

WOLF Nun ja.

MANZ Mein lieber Herr Doktor, nehmen Sie es mir nicht übel, es ist nur ein Resultat meiner langjährigen Erfahrung. Akademiker wie Sie hab ich in Hundertschaften angestellt, und der Prozentsatz der Dämlichkeit lag genauso hoch wie bei meinen Arbeitern, nur mit dem Unterschied, dass die Herren Doktoren auf der Universität gelernt hatten, wie man das verbirgt.

KERN Das hätte ich gern im Kasten gehabt.

THIEME Ton läuft noch.

WOLF Bestehen Sie darauf, dass das zum Interview gehört?

MANZ Nein.

WOLF Dann machen wir weiter. Seid ihr fertig?

KERN Kamera läuft.

THIEME Ton läuft.

ARX Manz, die zweite. *Er klatscht in die Hände.*

WOLF Herr Manz, vielleicht wäre es sinnvoll, wenn Sie selbst in kurzer Form etwas über Ihre Anfänge erzählen könnten.

MANZ 1920 in Iserlohn geboren, aufgewachsen in einem Dorf in der Nähe, kurze Zeit in der Eisenwarenhandlung meines Vaters, ein paar Monate in Hamburg als Reedereiangestellter, ebenso kurz Einkäufer in einem Stahlwerk in Dortmund, dann der Krieg, einfacher Soldat.

WOLF Das ist mir ein bisschen zu kurz. Warum sind Sie in eine Reederei gegangen?

MANZ Ich wollte zur See. Irgendwie hängengeblieben. Weiß nicht mehr, warum.

WOLF Warum haben Sie nicht das Geschäft Ihres Vaters übernommen?

MANZ Der war da schon pleite.

WOLF So, wie Sie jetzt.

MANZ Die Wirtschaftskrise damals. Da sind viele kleine Läden kaputtgegangen.

WOLF Und dann Einkäufer in einem Stahlwerk?

MANZ Das hing mit der Reederei zusammen, die waren über eine Werft miteinander verflochten, und ich habe mich dafür interessiert. Stahleinkauf, Buntmetalle und so weiter.

WOLF Sie waren immer sehr interessiert?

MANZ Ja, an allem.

WOLF Auch an der Politik?

MANZ Aber sicher. Auch an der Kultur, mein bester Freund war Maler.

WOLF Aber vor allem doch am Geschäft, am Fortkommen.

MANZ Selbstverständlich, genauso wie Sie.

WOLF Also ein strebsamer, fleißiger, lernbegieriger junger Mann.

MANZ Ja, könnte man sagen.

WOLF Autodidakt.

MANZ Es war damals eine reine Geldfrage, ob man Abitur machen konnte und anschließend studieren durfte. Meine Eltern hatten das Geld nicht. Und ich auch nicht. Aber ich habe Bilder gekauft. Gute Bilder. Die hängen heute im Museum.

WOLF Und der Krieg?

MANZ Wie er halt war. Westfront, Ostfront, am Schluss zum Glück wieder Westfront. Französische Gefangenschaft. Ich habe noch im Lager Französisch gelernt. Englisch hatte ich schon als Einkäufer gelernt.

WOLF Und dann begann es eigentlich erst richtig?

MANZ Man fing wieder von vorne an, wie alle.

WOLF Aber nicht alle wurden Millionäre.

MANZ Nein, aber ich besaß damals auch nicht mehr als mein Kochgeschirr.

WOLF Nun erzählen Sie mir nicht noch, dass jeder nur sechzig Deutsche Mark hatte.

MANZ Zu der Zeit besaß ich schon mehr.

WOLF Und wie haben Sie das geschafft?

MANZ Ein Zufall. Ich wurde in eine süddeutsche Kleinstadt entlassen, machte da ein paar Monate Straßenarbeiter, Gärtner, was halt so kam, und lernte dort auch meine spätere Frau kennen.

WOLF Eine Kaufhausbesitzerin.

MANZ Ihre Eltern hatten ein mittelgroßes Kaufhaus am Markt, und der Kasten stand sogar noch. Ein paar Artillerietreffer in die Obergeschosse, aber im Erdgeschoss war alles noch in Ordnung, und da hab ich mich dann reingestürzt.

WOLF Obwohl es nichts gab damals?

MANZ Es gab schon. Eine Frage der Organisation. Decken, Stiefel, Unterwäsche aus Wehrmachtsbeständen. Umgefärbte Kleider aus Wehrmachtsuniformen. Fallschirmseide. Kochtöpfe aus Stahlhelmen. Und dann habe ich Vorräte angelegt.

WOLF Für den Tag X.

MANZ Am Tag X mit dem neuen Geld ging's los. Ich übernahm wenige Monate später schon ein zweites Kaufhaus. Der Besitzer hatte da nicht so aufgepasst. Und das war ja dann schon was. Versandhandel habe ich auch gemacht. Eigentlich alles. Adressen selber geschrieben, Pakete zur Post geschleppt.

WOLF Sie waren jedenfalls – lassen wir die sechzig Mark einmal beiseite – stolzer Besitzer zweier Warenhäuser.

MANZ Ich war wirklich stolz.

WOLF Obwohl es nur Ihre Mitgift war.

MANZ Die ich durch die Währungsreform gebracht habe.

WOLF Ein Geschenk, das Ihnen da in den Schoß fiel.

MANZ Versteh ich nicht.

WOLF Ich meine, der Eisenwarenhandel Ihres Vaters oder die Arbeit in der Reederei und im Stahlkontor hätten das nicht gebracht.

MANZ Nein, natürlich nicht. Da wäre ich bestenfalls Werftdirektor geworden. Insofern war es natürlich ein Geschenk, ein Geschenk, das ich genützt habe.

WOLF Das war Ihre Leistung?

MANZ Ja, der Krieg war eine große Mischmaschine. Wohlsituierte Menschen waren plötzlich arm. Arme Menschen standen unverhofft vor respektablem Besitz. Menschen begegneten sich, die sich sonst nie begegnet wären. Wenn mich die Franzosen nicht in diese Stadt entlassen hätten, wäre ich da wohl nie hingekommen. Aber so habe ich meine Frau kennengelernt.

WOLF Und das Warenhaus.

MANZ Und das Warenhaus.

WOLF Sie verdanken Ihren Aufstieg also dem Krieg?

MANZ Na ja verdanken, den Aufstieg verdank ich meiner Leistung.

WOLF Aber die Plattform dafür –

MANZ War ein Zufall. Ja. So ein mittleres Gewinnlos in der Klassenlotterie.

WOLF Bei der die anderen Klassen die Nieten ziehen.

MANZ Das ist gesetzlich geregelt. In der Lotterie, meine ich.

WOLF Vielleicht schneiden wir das. Ich würde das Interview gerne vor dem Haus fortsetzen. Geht das?

MANZ Natürlich.

KERN Umbau. Soll ich draußen aus der Hand drehen?

WOLF Ja, wir könnten dann ein bisschen in den Wald spazieren.

KERN Da hab ich Schwierigkeiten mit dem Licht.

WOLF Das macht nichts, wenn da mal ein Schatten aufs Gesicht fällt. Das muss nicht immer so perfekt ausgeleuchtet sein.

KERN Ich dachte, die Leute sollten euch sehen.

WOLF Die Leute sollen auch sehen, dass das kein gestelltes Interview ist, bei dem auch der Zufall eine Rolle spielt.

THIEME Eine Frage.

MANZ Ja.

THIEME Nur so. Im Nachhinein. Wären Sie nicht lieber der Kaufhausbesitzer in der Kleinstadt geblieben?

MANZ Beide Kaufhäuser existieren nicht mehr.

THIEME Wieso?

MANZ Aufgekauft von einem Kaufhauskonzern, abgerissen, neu aufgebaut, da stehen heute Filialen.

THIEME Aber von heute aus gesehen wäre es für Sie doch besser gewesen. Ich meine, ich hätte mich damit zufriedengegeben.

MANZ Das ist eben die Illusion. Sie können sich da nicht zufriedengeben. Wenn ich auf diesen beiden Klitschen sitzengeblieben wäre, hätte ich schon vor fünfzehn Jahren Pleite gemacht. So ein einzelnes Haus in einer Kleinstadt ist doch nicht konkurrenzfähig gegen einen Kaufhauskonzern. Da können Sie nur den richtigen Zeitpunkt abpassen, um zu verkaufen. Sonst sind Sie erledigt.

THIEME Ja, war nur so eine Frage. Ich verstehe nichts davon.

MANZ Macht nichts. Fragen Sie ruhig.

THIEME Ja.

MANZ Noch etwas?

THIEME Wenn Sie nun im richtigen Moment verkaufen, ein Häuschen im Grünen springt doch dabei heraus?

MANZ Auf alle Fälle. Aber wenn Sie mehr erreichen können.

THIEME Mir hätte das Häuschen genügt.

MANZ Wenn man es so sieht. Aber dazu müßte man ein Weiser sein, und wer ist das schon. Wenn ringsum ein ganzer Staat expandiert, will man doch dabeisein. Dabeisein ist alles.

WOLF Kommen Sie, Herr Manz?

MANZ Ja. Komm schon.

*Wolf und Manz verlassen das Haus.*

## *5*

*Manz und Wolf vor dem Haus.*

WOLF Wir haben jetzt etwas Zeit. Die müssen erst umbauen.

MANZ Gehen wir ein wenig spazieren. Dieser Weg ist ganz schön.

*Sie gehen einen Waldweg entlang.*

WOLF Ich hätte auch noch eine Frage, so im Nachhinein.

MANZ Fragen Sie.

WOLF Wie war das mit dem Baugeschäft, in das Sie eingestiegen sind? Ich meine, wie war es wirklich?

MANZ Da gab es diesen Huber. Alter Maurermeister, ortsansässiger Betrieb und so. Er hat unsere Kaufhäuser wieder aufgebaut. Als dann plötzlich überall die Bauerei losging, hat er natürlich mitgemacht. Auf Teufel komm raus Leute eingestellt, Material gekauft, Maschinen bestellt, bis er überhaupt keinen Überblick mehr hatte, die Finanzdecke war viel zu kurz. Ich habe bei der Bank für ihn gebürgt. Er hat einen Kredit bekommen und hat weitergewurschtelt. Ich habe mich dann mal ein bisschen um den Betrieb gekümmert, und ich sah recht bald, das geht wieder schief. Das Einzige, was uns retten konnte, denn mein Geld war ja praktisch mit drin, das war einer dieser Riesenaufträge vom Land. Sozialer Wohnungsbau, ganze Siedlungen, mit Landesdarlehen. Aber wie da rankommen mit so einem mittelständischen Betrieb. Wir hatten ja gar nicht die Baukapazität. Aber mit so einem Auftrag hätten wir sie schaffen können. Da tauchte eines Tages ein Vetter meiner Frau auf.

WOLF Der gleiche, der später den Skandal auslöste?

MANZ Ja der, aber darüber reden wir wohl noch. Ich habe nicht vor, etwas zu verschweigen. Und ein Skandal war es nur in der Presse.

WOLF Dann wären Sie nur über einen Presseskandal gestürzt, das ist schwer vorstellbar.

MANZ Jedenfalls dieser Vetter tauchte damals bei uns auf, ein Windhund war er wohl immer schon, ein Schlitzohr, wie man so sagt. Er erfuhr von unserem Problem, dachte eine Weile nach und sagte, packt mir Zwanzigtausend in einen Koffer. Ich kann mich noch genau entsinnen, ich wollte ihm das Geld erst nicht geben, ich traute ihm damals schon nicht über den Weg. Aber er war hartnäckig, redete etwas von einem Schulfreund des Ministers, na ja, in der Richtung. Ich also zur Bank, der mit dem Koffer ab. Drei Tage später war er wieder da. Ohne Koffer und Geld, aber mit sooo einem Bauauftrag. Übrigens habe ich später erfahren, dass er zehntausend für sich behalten hat. Da standen wir zwei dann da mit einem Auftrag für mindestens ein Jahr, aber wir hatten ja keine Baufirma, die gehörte ja immer noch dem alten Huber. Da sind wir zu ihm hin und haben die Firma von ihm auf Rentenbasis übernommen.

WOLF Von dem Auftrag haben Sie ihm nichts gesagt?

MANZ Na ja, das sieht jetzt so unfein aus. Aber sehen Sie, den Auftrag hatten wir geholt, der Vetter hatte die Verbindung, ich hatte den Kredit, und der alte Huber hatte lediglich eine Baufirma, die über kurz oder lang bankrott gegangen wäre.

WOLF Nicht mit Ihrem Auftrag.

MANZ Und nicht mit unserer Arbeit. Wir haben uns beide voll reingehängt, und der Huber hatte einen sorgenfreien Lebensabend.

WOLF So gesehen, ist es die reinste Wohltäterei.

MANZ Ich würde es jederzeit wieder so machen. Da habe ich kein schlechtes Gewissen. Mein Gott, was sind da für Dinger gedreht worden, das war doch dagegen harmlos.

WOLF Und wie hat Huber reagiert, als er später merkte, was los war?

MANZ Der besoff sich jeden Monat, wenn er sein Geld erhielt, kam in den Bauhof, krakeelte herum und schmiß uns die Fenster ein. Dann legte er sich auf die Zementsäcke und schlief. Das war noch ein richtiges Original. Solche Leute gibt es heute gar nicht mehr. Er ist nach ein paar Jahren auf irgendeiner Baustelle unter einen Bagger gekommen, der zurücksetzte.

WOLF Auf einer Ihrer Baustellen?

MANZ Ja.

WOLF Unter einen Ihrer Bagger?

MANZ Ja. Ein Unglücksfall. Oder vermuten Sie mehr dahinter? Denken Sie, ich hab ihn umbringen lassen?

WOLF Das war wohl nicht mehr nötig. Sie hatten ja schon alles von ihm. Was dachten die Leute in der Kleinstadt darüber?

MANZ Damals dachte überhaupt keiner. Die wollten alle nur Geld verdienen, so schnell und so viel wie möglich. Und auf diese Weise wurde dieser Staat aufgebaut. Wo gehobelt wird, fallen Späne. Wenn Sie da nachforschen, hat jeder Dreck am Stecken.

WOLF Jeder?

MANZ Jeder! Jetzt kommen so junge Leute wie Sie, dreißig Jahre danach, und schütteln bedenklich den Kopf. Mensch, der Krieg war vorbei, wir wollten leben. Wohin die Ideale einen führen können, hatten wir ja gesehen. Jetzt dachte jeder nur noch an sich. Jeder wollte vorankommen. Natürlich, es ist eine Ellbogengesellschaft geworden. Gott ja, das ist die Kehrseite davon, aber das Leben ist keine Klosterschule, irgendwas ist immer falsch.

*In der Ferne hört man Hörnerklang.*

Hören Sie?

WOLF Ja.

MANZ Nun jagen sie wieder. Der alte Fürstenfeld mit seinen diplomatischen Freunden. Eine Jagdgesellschaft.

WOLF Jagen Sie nicht?

MANZ Ist mir zu dämlich. Ich gehe lieber in ein Kunstmuseum. Kommen Sie hierher.

*Sie gehen zu einem Hochsitz und steigen hinauf. Vom Hochsitz sieht man in eine Lichtung.*

Schön, nicht? Wie ein Bild von Renoir. Man sollte die Bilder mal in die Bäume hängen. Was das wohl ergibt. Wer, glauben Sie, wird siegen, die Kunst oder die Natur?

WOLF Es könnte sich ja auch vertragen. Bei Ihnen muss immer einer siegen.

MANZ Man ist so programmiert worden. Durch den Krieg und danach natürlich erst recht. Sieg oder Niederlage. Aufstieg oder Untergang.

WOLF Wobei der Aufstieg erst den Untergang vorprogrammiert.

MANZ Für Leute wie mich. Für uns ist die Zeit vorbei. In fünf Jahren erinnert sich keiner mehr an uns.

*Wolf entdeckt Postkarten, die an der Holzwand befestigt sind.* Bosch. Da ist alles drauf. Die Welt, wie sie ist.

WOLF Haben Sie die da angebracht?

MANZ Ja.

WOLF Sind Sie mit Ihrem Leben zufrieden?

MANZ Nein. Ich habe nur jedes Jahr den Umsatz und den Gewinn von Firmen vergrößert.

WOLF Aber das haben Sie doch gerne getan.

MANZ Ja, es hat Spaß gemacht.

WOLF Das ist doch ein gewaltiger Widerspruch.

MANZ Das ist es ja eben. So eine Sache ist ja sehr verlockend, geradezu verführerisch, die meisten Menschen beneiden Sie sogar darum.

WOLF Ja und?

MANZ Aber das Leben ist es nicht, dafür sind die Ordensregeln des heiligen Benedikt wahrscheinlich geeigneter.

WOLF Aber es war Ihr Leben.

MANZ Ja schon. Aber Sie können als Kind auch nicht nur Karussell fahren, wenn Sie mich verstehen. Irgendwann müssen Sie mal absteigen, und dann sehen Sie, dass dieses Karussell sich auch ohne Sie weiterdreht. Mit anderen Menschen, das tut weh, ist aber sehr heilsam.

WOLF Sie sind auf dem Karussell geblieben?

MANZ Genau. Ein Leben lang. Ich wollte nicht herunter.

WOLF Und jetzt fährt es zum ersten Mal ohne Sie.

MANZ Ja. Und das erzeugt Schwindel.

WOLF Aber Ihr Leben war doch nach allen Maßstäben unserer Gesellschaft überaus erfolgreich. Sie hatten doch Erfolg.

MANZ Wenn ich das Wort Erfolg höre, ersticke ich fast, da krieg ich einen Herzanfall. Erfolg. Was ist das? Doch nur, was die anderen von Ihnen erwarten. Kein Mensch kann es definieren. Aber alle erwarten es von Ihnen. Als wären Sie der große Zampano. Erfolg. Das ist der pure Aberglaube. Das ist wie im Mittelalter. Alles rennt einem bunten Regenbogen nach, ohne ihn jemals zu erreichen. Wahrscheinlich existiert er überhaupt nicht. Eine Chimäre. Da, da, schauen Sie sich die Bilder von Bosch an. Schauen Sie genau hin. Das sind alles Erfolgreiche, die Sie da sehen. Junger Mann, einen Rat kann ich Ihnen mit Gewissheit geben. Wenn Sie das Wort Erfolg hören, dann laufen Sie so weit Sie können, Sie laufen nämlich um Ihr Leben.

WOLF Wenn Sie vor dreißig Jahren gewusst hätten, was auf Sie zukommt –

MANZ Hätte ich mich auf der Stelle erschossen.

WOLF Und heute?

MANZ Für eine gute Tat ist es nie zu spät.

WOLF Ist das ernst gemeint?

MANZ Wenn man das wüsste.

WOLF Sitzen Sie oft hier?

MANZ Ich habe hier sehr oft gesessen.

WOLF Das bleibt ja.

MANZ Ja.

WOLF *schaut auf seine Armbanduhr* Wir müssen wieder.

MANZ Ein paar Minuten noch. Dort unten ist ein Reitweg, sehen Sie. Er führt zu einer Reitschule. Da kommen sie schon.

*Sie klettern beide vom Hochsitz herab. Eine Reitergruppe zieht an ihnen vorbei, keiner grüßt. Manz schaut ihnen nach.*

WOLF Kannten Sie die Herrschaften?

MANZ Ja.

WOLF Highsociety?

MANZ Ja, sehr high. Die erste, die Blonde, haben Sie die gesehen?

WOLF Ja, hübsches Mädchen.

MANZ Meine Tochter.

WOLF Ihre Tochter? Und Sie haben, das heißt, sie hat –

MANZ Sie hat sich korrekt benommen. Es ist so abgemacht. Wir kennen uns nicht.

WOLF Wegen des Bankrotts?

MANZ Nein, nein. Aber diese Abmachung hat sich gerade dabei sehr bewährt. Man sieht, wie gut sie war und wie vorausschauend.

WOLF Jetzt versteh ich überhaupt nichts mehr.

MANZ Eltern wollen immer, dass ihre Kinder weiterkommen. Meine Eltern waren auch sehr stolz, als ich es geschafft hatte, aber auf einen Gesellschaftsempfang konnte ich sie deshalb nicht bitten. Im Gegenteil, ich mußte sie sogar verstecken. Die Presse ist in solchen Dingen immer sehr findig.

WOLF Und jetzt verstecken Sie sich?

MANZ Ziemlich genau erraten. Ich habe ihr einen französischen Grafen besorgt. Sie wollte ihn, sie lieben sich, aber ich habe überhaupt erst dafür gesorgt, dass sie sich kennenlernten. Sie hat es immer noch schwer genug. Sie ist jetzt zwar eine Gräfin, aber natürlich noch meine Tochter. Und damit man in den Kreisen, in denen sie nun verkehrt, nicht immer daran erinnert wird, habe ich ihr vorgeschlagen, dass wir uns aus ihrer Nähe entfernen.

WOLF Wir?

MANZ Meine Frau und ich.

WOLF Der Tod Ihrer Frau –

MANZ War im gleichen Jahr. Sie sind da auf der richtigen Spur. Aber vergessen Sie es. Das hatte auch noch andere Gründe. Mein Enkel wird es schon wesentlich leichter haben. Der wächst als Graf heran, in den richtigen Kreisen, drei Generationen braucht man mindestens, um nach oben zu kommen.

WOLF Familienmanagement.

MANZ Irgendeinen Sinn muss das alles ja haben.

WOLF Besitzen Ihre Tochter und der Enkel auch das nötige Kleingeld für ein standesgemäßes Leben?

MANZ Der Konkursrichter wird anders darüber denken, aber ich habe rechtzeitig dafür gesorgt, dass beide leben können, ohne vorerst an Geld denken zu müssen, was bekanntlich der wahre Adel ist.

*Das Team kommt ihnen mit Kamera und Tonbandgerät entgegen.*

KERN Gute Unterhaltung gehabt?

WOLF Wir machen hier am Waldweg weiter, hier vorne ist Sonne.

KERN Hauptsache, wir machen weiter. Ihr geht also, und ich gehe um euch herum, ihr latscht ruhig weiter, ich ziehe einen schönen Kreis.

THIEME Dann werd ich angeln müssen.

KERN Lauf mir aber nicht vor die Mühle.

WOLF Das macht doch überhaupt nichts, wenn man das sieht. Das ist ein Interview vor einer Fernsehkamera. Das sollen die Zuschauer ruhig sehen.

KERN Mensch hör auf, das interessiert doch keinen.

ARX Ich habe mal eine Diskussion darüber geführt. Das interessiert die Leute schon.

KERN Jetzt fängt der auch noch an.

THIEME Also soll ich nun ins Bild oder nicht?

KERN Ja natürlich. Ich dreh hier ein Gruppenbild von uns.

WOLF Also können wir nun?

KERN Ich bin fertig. Muss nur jeder seine Arbeit tun.

THIEME Ton läuft.

KERN Kamera läuft.

ARX Manz, die dritte. *Er klatscht in die Hände.*

WOLF Herr Manz, ich nenne Ihnen ein paar Sätze, und Sie sagen mir Ihre Meinung dazu. Was nütze es, wenn ich die ganze Welt gewönne, und nähme doch Schaden an meiner Seele.

MANZ Stimmt genau. Nur wissen die Menschen mit dem Wort Seele nichts Rechtes anzufangen. Mit der Welt dafür um so mehr.

WOLF Das Leben ist der Güter höchstes nicht.

MANZ Stimmt auch. Aber so lang man lebt.

WOLF Wer über gewisse Dinge den Verstand nicht verliert, der hat keinen zu verlieren.

MANZ Stimmt. Aber wenn man sich die Welt anschaut, muss man wohl zu dem Schluss kommen, dass nicht nur die Seele, sondern auch der Verstand den Menschen abhandengekommen ist.

WOLF Welchen Satz würden Sie bevorzugen?

MANZ Leben und leben lassen. Es ist zwar nur eine Alltagsweisheit der kleinen Leute, aber schließlich sind sie es, die diese Welt bis auf den heutigen Tag erhalten haben.

WOLF Da wären wir bei der sozialen Frage.

MANZ Halte ich für unlösbar.

WOLF Warum?

MANZ Weil es immer solche Idioten wie mich geben wird, die denken, sie könnten im Alleingang für sich mehr herausholen.

WOLF Das haben Sie ja auch.

MANZ Ja, aber das Leben ist für einen Alleingang verdammt kurz, es lohnt sich nicht.

WOLF Ihr Enkel wird vielleicht einmal anders darüber denken.

MANZ Was mein Enkel einmal denken wird, wenn er denken wird, wenn er leben wird –

WOLF Wie meinen Sie das?

MANZ Solche Einzelgänger wie ich sind oft Amokläufer. Bei mir erstreckte sich das aufs Geldverdienen. Relativ harmlos also. Aber es gibt auch Typen, die bekommen Staaten in ihre Gewalt, wie gehabt. Und für die Zukunft auch nicht auszuschließen. Und wenn so einer ein richtiges Feuerwerk loslässt, werden nicht viele überleben.

WOLF Predigen Sie jetzt im Alter Solidarität?

MANZ Das ist so ein Wort. Aber wenn die Menschen ihre Seele und ihren Verstand wiederfänden, eine praktische Möglichkeit.

WOLF Werden Sie jetzt auf einmal christlich?

MANZ Vielleicht war ich immer ein Christ.

WOLF Das nehme ich Ihnen nicht ab.

MANZ Heutzutage? Ich kannte einen Konzernchef, Milliardenumsätze, der gehörte einer Sekte an.

WOLF Sie sind kein Christ.

MANZ Es gibt Zeiten, da können Atheisten Christen sein. War Christus nicht der erste Atheist? Mein Vater, warum hast du mich verlassen. Glauben Sie, er hat immer nur geglaubt? Er musste schließlich auf Erden wandeln.

WOLF Ich glaube, dass wir Ihren privaten Glauben hier jetzt beiseite lassen. Die Sache wird mir zu mystisch. Unsere Zuschauer werden sich bedanken.

MANZ Was wissen Sie von Ihren Zuschauern?

WOLF Eine ganze Menge. Die melden sich nämlich zuweilen.

MANZ Die sich da melden, das sind doch nur die, die sich immer melden. Einer von tausend. Und die anderen neunhundertneunundneunzig?

WOLF Melden sich nicht. Aber ich kann leider nur auf die reagieren, die sich melden. Herr Manz, wie stehen Sie zur Frage der Macht in der modernen Wirtschaft. Sie haben doch Macht gehabt?

MANZ Ach, hören Sie doch auf. Nie gehabt. Alles Gerede.

WOLF Das sagen Leute Ihres Kalibers gern.

MANZ Wir haben Gewerbefreiheit. Das heißt, der Staat erlaubt seinen Bürgern, gewisse Geschäfte zu betreiben. Offenbar nimmt er an, wir könnten das besser und effizienter als er. Er kann diese Genehmigung jederzeit wieder zurückziehen und kann diese Geschäfte, die ja lebensnotwendig sind, auch wieder selbst betreiben. Das ist alles. Wo ist da die Macht?

WOLF Dass Sie so effizient sind, dass der Staat überflüssig ist.

MANZ Bei dem Unfug, den die Staaten angerichtet haben, vielleicht gar nicht so schlecht.

WOLF Im Zweifelsfall möchte ich immer noch von einem demokratischen Staat regiert werden als, sagen wir, von einem Dutzend Firmen.

MANZ Wenn Sie denken, das ist ein Unterschied.

WOLF Ja, das denke ich.

MANZ Bitte.

*Kern, der mit seiner Kamera rückwärtsgeht, fällt über eine Baumwurzel. Manz lacht herzhaft. Kern ist wütend.*

THIEME Wenn du einen Reißschwenk zum Himmel machst, sag vorher Bescheid.

MANZ *geht auf Kern zu und säubert ihm den Rücken* Ich lache nicht über Sie. Es war einfach zu schön. Es war so gut, dass ich fast den Verdacht habe, es ist eine lang geübte Nummer aus Ihrer Trickkiste.

KERN Was für eine Trickkiste?

MANZ Zur Auflockerung der Interviewpartner.

KERN Danke für den Tipp. Werd ich mir merken.

MANZ Kommt, trinken wir einen Whisky zusammen. So langsam macht es mir Spaß mit euch.

WOLF Aber zunächst waren Sie nicht sehr erfreut.

MANZ Als wir miteinander telefonierten, dachte ich, es wäre eine gute Sache. Als Sie dann vorfuhren, war ich nicht mehr so überzeugt.

WOLF Und jetzt?

MANZ Ich denke, wir sollten es durchziehen und zu einem fairen Ende bringen.

*Er läuft locker zum Haus zurück.*

KERN Mann, jetzt ist der auch noch sportlich.

WOLF Los, nimm das auf, das ist doch gut.

*Kern läuft mit der Kamera hinterher.*

*Thieme trabt ebenfalls los.*

*Wolf und Arx gehen ihnen eilig nach.*

ARX Das ist ja langsam wie eine Jagd.

WOLF Den dürfen wir jetzt nicht mehr auslassen. Der ist jetzt locker. Da müssen wir dranbleiben.

ARX Vor der Kamera weiß er, was er sagt. Der ist unheimlich kontrolliert.

WOLF Den krieg ich schon. Sag den beiden Bescheid. Mitdrehen.

*Sie gehen ins Haus.*

## 6

*Manz kommt ihnen mit gefüllten Whiskygläsern entgegen. Kern und Thieme schnaufen.*

MANZ Prost.

*Er nippt nur an seinem Glas und stellt es wieder weg.*

WOLF *nimmt sein Glas und zeigt auf ein Foto an der Wand.* Sieht nach einem Opernball aus.

MANZ Für das Debüt meiner Tochter. Ich habe den ganzen Salat bezahlt. Und diese ganze Mischpoke ging ihr aus dem Weg. Peinliche Situation.

WOLF Die Presse hat darüber sehr hämisch berichtet.

MANZ Dazu ist die Presse ja auch da. Sie verbreitet keine Nachrichten und keine Informationen, sie verbreitet hämische Bilder von den Menschen und der Welt, in der sie leben. Das versetzt die Presse in die unvergleichliche Lage, ständig darüber berichten zu können, wie entsetzlich doch die Zustände sind. Die Presse erschafft sich so ständig das, was sie tagtäglich verbreitet. Eine durch Neid und Schadenfreude verkäuflich gemachte Welt.

*Arx flüstert hinter dem Rücken von Manz mit Kern und Thieme.*

WOLF Und Sie sind darin eine der Hauptfiguren.

MANZ Man setzt ein Bild von Ihnen in die Welt, das ist gültig und wenn es noch so falsch ist. Zuerst habe ich mich gar nicht darum gekümmert, ich habe lange gedacht, lass die doch schreiben, das soll dir doch egal sein, du machst ja doch, was du willst. Aber eines Tages merkte ich, dass ich mich nach dem Bild der Öffentlichkeit richten musste, mich dafür verantworten musste. Das Bild war stärker als ich. Es ist total verzeichnet, voll falscher Informationen, ein Zerrbild, wie es so schön heißt. Aber Sie können sich in Ihrer ganzen Lebensgröße danebenstellen und um genauere Unterscheidung bitten, man wird ohne hinzusehen die Person für eine Fälschung halten und das Zerrbild von ihr für das Original.

KERN Ich dreh jetzt einfach nur mal so mit. Für ein paar Zwischenschnitte. Lasst euch nicht stören.

THIEME Ton läuft.

ARX Manz, die vierte. *Er klatscht in die Hände.*

WOLF Herr Manz, Sie wollen offenbar mit unserer Hilfe das richtige Bild über Ihre Person in die Welt setzen.

MANZ Ich versuche es.

WOLF Aber wir können ja auch nicht wissen, ob Sie die Wahrheit sagen. Wir sind keine Notare, die die Ehrlichkeit eines Lebens bescheinigen.

MANZ Sie zeigen mit der Kamera, dass ich lebe und spreche und meine Meinung sage.

WOLF Aber Sie können uns trotzdem eine Rolle vorspielen.

MANZ Eine Rolle spielen wir alle.

WOLF Aber welche ist glaubhaft?

MANZ Nur die, die mit dem Tod beglaubigt wird.

WOLF Dann müssten Sie sich ja nach diesem Gespräch umbringen.

MANZ Das haben Sie richtig erkannt.

WOLF Moment, Moment, wir machen hier ein Fernsehinterview.

MANZ Die echten Tragödien spielen sich immer noch im Leben ab. Die Leute gehen nur ins Theater, um sich zu vergewissern, dass sich der Held nach seinem Tod wieder erhebt und den Beifall entgegennimmt.

WOLF Ich bestehe darauf, dass dies ein alltägliches Fernsehinterview ist. Wir vier üben hier unseren Beruf aus. Das ist absolut nichts Besonderes, was wir hier machen.

MANZ Gute Voraussetzung für eine Tragödie. Sie haben sich nichtsahnend mit mir eingelassen, in der stillschweigenden Übereinkunft, dass ich die Rolle vor der Kamera übernehme. Der fünfte Mann in der Crew. Aber so, wie Ihr Fahrer mit Absicht den Wagen gegen einen Baum fahren kann, so kann ich Sie mit hineinreißen, wenn ich aus meiner Rolle ausbreche. Stellen Sie sich vor, ich erschieße mich vor der Kamera, welch einmaliges Dokument, welche Tragödie. Und Sie wären dabei.

WOLF Also ich weigere mich, solchen Absurditäten –

MANZ Absurditäten? Das ist nur ein logischer Gedankengang.

WOLF Also was es auch ist, ich weigere mich da mitzuspielen.

MANZ Da hätten Sie gar keine Wahl. Die Kamera läuft.

*Er zieht eine Schublade auf und holt einen Revolver heraus.*

WOLF Mensch, stell den Kasten ab. Was soll das?

MANZ So ein Kopf spielt manches durch.

WOLF Glauben Sie, das würde dann noch gesendet?

MANZ Vielleicht im dritten Programm, abends nach elf.

WOLF Den Film würde ich eigenhändig vernichten.

MANZ Das würden Sie sich sehr überlegen. Das dürfen Sie wohl auch nicht. Da hätte schon die Kriminalpolizei Einwände.

WOLF Also ich bin nicht bereit, dieses Interview in der Form weiterzuführen, mit solchen Hintergedanken. Vor allem nicht mit einem Revolver in der Hand.

MANZ Wir sind aufeinander angewiesen. Eine echt tragische Situation. Keiner kann ohne den anderen weitermachen. Und jeder muss sich darauf verlassen können, dass sich der andere nicht unberechenbar verhält.

WOLF Wir verfilmen hier keine Tragödie. Wir machen hier ein ganz banales Fernsehinterview.

MANZ Und ich habe nicht die Absicht, mir deswegen das Leben zu nehmen.

*Er legt den Revolver wieder weg.*

Aber versuchen Sie nicht wieder, mich hereinzulegen. Der Opernball und die Zwischenschnitte, das war zu durchsichtig. Ist der Ton weitergelaufen?

THIEME Es hieß aus. Da habe ich sofort abgestellt.

MANZ Ich wollte es nur bestätigt haben. Sonst denkt nachher noch einer, das sei alles ernst gemeint.

*Ein Fernschreiber tickt leise.*

MANZ Entschuldigung. Die Eröffnungskurse der Wallstreet. Ich habe zwar keine Aktien mehr, aber es ist eine tägliche Gewohnheit. Der Pulsschlag unserer Zeit.

*Er geht in ein anderes Zimmer. Das Team wartet unbehaglich lange.*

MANZ *öffnet die Tür* Wenn Sie wollen, können Sie mich dabei aufnehmen.

*Das Team geht mit seinen Geräten in den Nebenraum.*

*Ein helles, modern eingerichtetes Büro.*

*Manz steht vor einem Fernschreiber, der die Börsenkurse ausdruckt.*

*Auf einem Fernsehbildschirm flimmern ebenfalls Kurse.*

*Kern filmt ihn vor dem Fernschreiber.*

MANZ *zeigt auf den Fernsehbildschirm* Die Schlusskurse von Zürich.

WOLF Ihr Büro?

MANZ Ja, wenn ich mich mal zurückgezogen habe. Ich hatte dann von hier Verbindung zur Konzernzentrale.

*Er öffnet einen Stahlschrank und holt eine Filmrolle heraus.* Wissen Sie, was das ist? Ein von mir gedrehter Urlaubsfilm. Wollen Sie ihn sehen?

WOLF Sehr gern.

MANZ *zieht einen Projektor aus dem Schrank, legt die Filmspule ein, zieht eine Filmleinwand herunter, verdunkelt das Fenster.*

WOLF Vielleicht könnte man ein paar Ausschnitte davon kopieren, wir haben gar kein Material aus Ihrem Privatleben.

MANZ Schauen Sie es sich an.

*Kern nimmt die Kamera von der Schulter.*

*Der Schmalfilm läuft: Eine kleine Düsenmaschine landet auf einer Piste.*

Mein Privatjet.

WOLF Wo ist das?

MANZ Auf den Bahamas.

*Frau und Tochter steigen aus dem Flugzeug.*

MANZ Meine Frau und meine Tochter.

*Totale auf einen Yachthafen.*

Da vorne, die größte, das war meine.

*Frau und Tochter auf einer Yacht.*

WOLF Vermissen Sie das nicht?

MANZ Was?

WOLF Die Yacht, den Jet.

MANZ Ach, überhaupt nicht. Alles Mumpitz. Die Yacht habe ich zweimal im Jahr benutzt. Die lag da nur.

*Ein Rolls-Royce fährt vor einem Casino vor. Frau und Tochter steigen im Abendkleid aus.*

Den Wagen vermiss ich. Verdammt bequem die Kiste. Das einzige Auto auf der Welt, das man so nennen darf.

*Eine Villa mit tropischem Park. Frau und Tochter im Badeanzug, Manz kommt auch ins Bild, Bermudashorts, buntes Hemd.*

Da bin ich auch noch. Das hat wohl der Butler aufgenommen.

*Der Film ist zu Ende. Manz macht das Licht an.*

MANZ Das war's. Wenn Sie es verwenden können –

WOLF Unbedingt.

*Arx nimmt den Film an sich.*

Sonst noch irgendwelche Aufnahmen?

MANZ Ein Firmenporträt.

*Er nimmt eine Kassette aus dem Schrank, legt sie in ein Kassettengerät und schaltet es zusammen mit einem Fernsehgerät ein.*

*Fernsehbild: Schwenk über eine große Fabrik.*

SPRECHER *off* Hundert Jahre Böttgerwerke. Die renommierte Firma, die vor kurzem vom Manzkonzern aufgekauft wurde, feiert ihr hundertjähriges Bestehen. Wir sprachen mit dem neuen Besitzer und seinen jungen Managern, die die angeschlagene Firma wieder auf die Beine stellen wollen.

*Manz, in einem Chefbüro sitzend*

MANZ *im Film* Zunächst geht es darum, die Arbeitsplätze zu erhalten, aber dazu ist die Entwicklung neuer Produktlinien nötig. Das, was die Böttgerwerke so erfolgreich machte, ist heute nicht mehr gefragt. Darüber müssen sich alle im Klaren sein.

*Manz geht durch das Werk.*

*Manz mit Arbeitern.*

*Manz mit Direktoren, einer erklärt ihm einen Bauplan.*

MANZ *vor dem Fernsehgerät stehend* Auch so ein Arsch. Mit sechsundzwanzig hab ich ihn zum Direktor gemacht. Und dann ist er mit Firmenunterlagen zur Konkurrenz.

*Er stellt das Gerät ab, nimmt die Kassette heraus und gibt sie Arx.*

Schauen Sie es sich im Sender an, Sie können alles mitnehmen. Kommen Sie, gehen wir vors Haus.

*Sie verlassen den Raum durch eine Türe, die direkt nach draußen führt.*

## 7

*Ein Tisch mit Bänken vor dem Haus.*
*Manz setzt sich an den Tisch.*

WOLF *zu Kern* Nimm ihn groß. Ich sprech aus dem Off.

KERN *nickt.*

THIEME *nickt.*

ARX Manz, die fünfte. *Er klatscht in die Hände.*

WOLF Herr Manz, wir haben einige Bilder aus Ihrem Leben gesehen, Ferienbilder, aber immerhin. Warum haben Sie das alles so gemacht, wie Sie es gemacht haben, letztlich, meine ich. Nur das Geld war es doch wohl nicht.

MANZ Nein.

WOLF Warum also?

MANZ Ich wollte dazugehören.

WOLF Wozu?

MANZ Zu denen, die oben sind.

WOLF Warum?

MANZ Das weiß ich nicht.

WOLF Welche Vorstellung hatten Sie? Was versprachen Sie sich davon?

MANZ Das weiß ich auch nicht. Die Vorstellungen waren äußerst vage. Ich kannte diese Leute und deren Verhältnisse ja gar nicht.

WOLF Also ein ganz irrationaler Wunsch?

MANZ Rational bestimmt nicht. Sehen Sie, wer aus so einfachen Verhältnissen kommt wie ich, der bringt eine Vorstellung mit von denen da oben, jeder, der unten ist, will da hinauf. Das ist halt so. Das ist ein verschwommenes Ziel, das alle haben. Und wer so nahe herankommt wie ich, der will natürlich dann auch dazugehören.

WOLF Aber Sie haben nie dazugehört?

MANZ Sie haben mich nie über die Schwelle gelassen. Ich stand eigentlich immer vor dem Lieferanteneingang. Aber man erfährt dort genug, um mit der Zeit zu wissen, dass das ja alles Blödsinn ist. Dieses Ziel ist gar keines. Eines Tages merken Sie, Sie gehören nicht zu denen da oben, Sie gehören aber auch nicht mehr zu denen da unten. Sie gehören sich selbst nicht mehr. Aber wer glaubt Ihnen das schon. Die unten nicht. Die oben nicht. Und Sie selbst haben alles falsch gemacht. Aber inzwischen sind Sie sechzig.

WOLF Kommen wir noch einmal auf Ihre Biographie zurück. Vielleicht kommen wir auf diese Weise der Sache näher. Sie sind ja nicht der Kaufhausbesitzer in einer Kleinstadt geblieben, ein anderer an Ihrer Stelle wäre das vielleicht heute noch, aber bei Ihnen ging es ja weiter, es ging aufwärts, wie man so schön sagt. Wie ging es aufwärts?

MANZ Es fing damit an, dass eine Baufirma in der Stadt in Schwierigkeiten kam.

WOLF Verstanden Sie etwas vom Bauen?

MANZ Nein, aber vom Finanzieren, ich war kreditwürdig, ich habe die Firma aufgefangen.

WOLF Sie haben diese Baufirma übernommen, zusammen mit dem Vetter Ihrer Frau, über den wir auch noch reden müssen, und haben sie in wenigen Jahren zu einem Riesenbetrieb ausgebaut.

MANZ Wir haben hundertzwanzigtausend Wohnungen erstellt, hauptsächlich sozial.

WOLF Und waren einer der Großen Ihrer Branche.

MANZ Nach fünf Jahren, ja.

WOLF Wie kamen Sie an die Aufträge?

MANZ Die lagen damals auf der Straße. Es musste ja gebaut werden.

WOLF Und um diese auf der Straße liegenden Aufträge hat sich ganz besonders der Vetter Ihrer Frau gekümmert.

MANZ Das war sein Ressort, ja.

WOLF Mehr möchten Sie dazu nicht sagen?

MANZ Da gibt es nicht mehr zu sagen. Einiges lief sicher über persönliche Verbindungen. Aber da muss man auch die Zeit sehen. Die Leute waren ja froh, dass überhaupt Wohnungen gebaut wurden.

WOLF Von Ihnen?

MANZ Nicht nur von mir. Aber im Laufe der Jahre hatten wir einen sehr guten Ruf. Sonst hätten wir nicht so viele Aufträge bekommen.

WOLF Gut, lassen wir das mal so stehen. Sie haben dann als nächstes Ihre Kaufhäuser verkauft.

MANZ Ja.

WOLF Und Geld auf Grundstücke aufgenommen, die Sie über die Baufirma erworben hatten.

MANZ Ja.

WOLF Von Bauern erworben, die noch nicht wussten, dass dort gebaut werden sollte.

MANZ Der übliche Weg. Ich übernehme dabei ja auch ein Risiko.

WOLF Welches?

MANZ Dass nicht gebaut wird.

WOLF Nun gut. Erzählen Sie bitte, wie es weiterging.

MANZ Nun ja, immer nur die Baufirma, das ist natürlich auf die Dauer langweilig. Ich fühlte mich als Unternehmer. Überall war ja etwas los. Überall ging es aufwärts. Ich wollte mich daran beteiligen. Auto. Chemie. Textil.

WOLF Haben Sie damals schon von einem Konzern geträumt? Von Ihrem Konzern?

MANZ Geträumt bestimmt. Geträumt ist das richtige Wort. Aber eine Vorstellung, wie und was, hatte ich da noch nicht. Das kam erst später.

WOLF Sie haben sich zunächst nur beteiligt?

MANZ Ich habe Aktien gekauft. Eigentlich ziemlich wahllos. Mal das, mal das, ich war plötzlich an einem Dutzend Firmen beteiligt. Und dann bin ich auf die Hauptversammlungen marschiert, naiv, wie ich war –

WOLF Naiv?

MANZ Naiv – und habe Reden gehalten, und oben saß jedesmal der alte Fürstenfeld von der Handelsbank. Ich konnte hingehen, wo ich wollte, immer saß der alte Fürstenfeld da oben, lächelte mild über seine Brille hinweg, und ich machte unten meine rhetorischen Übungen. Ich kam mir vor wie ein Turner, der sich vor immer derselben Jury vorstellen muss, in welche Stadt er auch fährt. Ewig saß da oben dieselbe Riege älterer Herren, und an ihrer Spitze der alte Fürstenfeld.

WOLF Sie hassten ihn?

MANZ Ich bewunderte ihn. Im Grunde hatte ich nur einen Wunsch, ich wollte neben ihm sitzen. Einmal neben dem alten Fürstenfeld sitzen und wie Gottvater gütig herablächeln auf die anderen da unten, immer jenseits von Gut und Böse.

WOLF War's das?

MANZ Was?

WOLF Weshalb Sie Ihren Konzern aufgebaut haben?

MANZ Ich glaube. Einmal so sein wie er. Im englischen Schneideranzug. Mit goldgeränderter Lesebrille. Schweigend. Mit einem Kopfnicken dirigierend. Wissen Sie, als Bauunternehmer machen Sie nicht viel her. Wenn Sie damit groß werden, sind Sie immer nur ein Baulöwe. In der Presse werden Sie behandelt wie ein Gauner. Vom Fürstenfeld standen immer nur flotte Anekdoten in der Zeitung. Ich kannte sie auswendig. Alle. Fürstenfeld war ein Herr. Ich –

THIEME Ich muss abbrechen, ein Auto

MANZ Das wird meine Sekretärin sein.

*Eine Jaguar-Limousine fährt vor dem Haus vor. Die Sekretärin, die den Wagen gefahren hat, steigt mit einem älteren Herrn aus.*

SEKRETÄRIN Stören wir?

MANZ Mich nicht.

SEKRETÄRIN Ich habe euch einen kleinen Imbiss mitgebracht.

*Sie holt eine Platte aus dem Wagen, stellt sie auf den Tisch, reißt die Aluminiumfolie ab. Auf der Platte liegt kaltes Fleisch, einige kalte Hähnchen usw.*

Bitte zuzugreifen. Brot ist auch noch da.

*Sie geht zum Wagen zurück und holt einen Brotkorb mit Brötchen, Brezeln usw. und stellt ihn auf den Tisch.*

MANZ Meine langjährige Sekretärin. Mein Konkursverwalter. Das Fernsehteam.

SEKRETÄRIN Wir gehen jetzt die Liste durch. Wenn Sie ein paar Minuten Zeit hätten.

MANZ Sofort.

*Die Sekretärin geht mit dem Konkursverwalter ins Haus.*

MANZ *nimmt sich ein Hühnerbein.* Greifen Sie zu, das werden wir erst einmal zusammen wegputzen.

KERN Das müssen wir auch wegputzen. Sonst denken die Zuschauer, wir hätten hier ein Tischleindeckdich.

MANZ Ich bin sofort wieder da. Der Herr Konkursverwalter wird ein paar überflüssige Fragen haben.

WOLF Wo Sie Ihr Geld versteckt haben.

MANZ Geld? Weiß ich gar nicht, was das ist.

*Er geht ins Haus. Das Team bleibt zurück und isst.*

ARX Der zieht ja vielleicht eine Show ab.

THIEME Du, ich weiß nicht, ich habe das Gefühl, der meint das ernst.

KERN Mir ist das egal, wie das gemeint ist. Ich halte die Linse drauf.

THIEME Was meinst du denn?

WOLF Ach lass mich in Ruh.

ARX Der führt uns doch an der Nase herum.

THIEME Das hat der doch nicht nötig. Kann ihm im Grunde doch egal sein, was die Leute von ihm denken.

ARX Ist es ihm eben nicht.

THIEME Das könnte er dann ja auch alles seiner Sekretärin diktieren. Einfache Gegendarstellung. Wozu schlägt er sich den ganzen Tag mit uns herum?

KERN Ist doch eine prima Sache, so vom Fernsehen höchstpersönlich ausgefragt zu werden.

ARX Der macht doch mit uns, was er will.

WOLF Das macht er nicht.

ARX Mensch, bei deinen Fragen. Schieß ihn doch mal hart an.

THIEME Ich halte nichts von harten Fragen. Wenn ein Mensch erzählen will, soll man ihn nicht ins Kreuzverhör nehmen. Dann erzählt er nichts mehr.

ARX Aber der will ja. Also könnte man ruhig schon mal nachstochern.

KERN Der erzählt das, was er will, und so, wie er es will, und kein Komma mehr. Was ich euch gesagt habe.

THIEME Ich habe das Gefühl, da kommt noch etwas. Das ist noch nicht alles. Das spüre ich.

KERN Wo?

THIEME Hier im Kopfhörer. Du siehst ihm ja nur ins Gesicht, und das hat er natürlich gelernt herumzutragen und keine Miene zu verziehen. Aber hör mal auf die Sprache, auf den Ton, wie er es sagt. Der Mann ist doch total fertig.

KERN Glaub ich nicht. Routinierter Schauspieler, der selbstquälerische Lebensbeichte abliefert.

THIEME Wir werden ja sehen.

ARX Dass er noch einiges mit uns vorhat, das Gefühl habe ich allerdings auch.

KERN Mit uns oder mit sich?

ARX Dass das hier in dieser Jagdhütte stattfinden sollte, war das seine Idee?

WOLF Ja.

KERN Perfekte Inszenierung, sag ich doch.

THIEME Ja, aber wozu? Welchen Sinn hat das? So ein Mann lässt sich sonst im Büro interviewen. Oder in einer Hotelsuite, bestenfalls Spaziergang vor einem Sanatorium, aber hier so privat, Waldeinsamkeit.

KERN Das ist eben seine Masche.

THIEME Wo er sein Privatleben bisher so abgeschirmt hat?

ARX Der spielt mit verdeckten Karten.

KERN Mit falschen.

WOLF Vielleicht legt er die Karten auch auf den Tisch, und wir merken es nur nicht.

KERN Das wäre natürlich schon arglistige Täuschung.

THIEME Was?

KERN Dass einer seine Karten offen auf den Tisch legt, das ist doch der übelste Trick. Auf so etwas ist man doch gar nicht mehr gefasst.

ARX Den Leuten ist heutzutage viel zuzutrauen. Sogar die Wahrheit.

KERN Das ist ja der Dreh. Wenn einer heute einen Satz sagt, denken doch alle um ihn herum, was meint er jetzt wirklich. Und wenn da einer herkommt und nur einfach die Wahrheit sagt, der stiftet doch damit totale Verwirrung. Da findet doch kein Mensch mehr draus. Weil jeder grübelt, wo ist jetzt da die Wahrheit, und damit nach einer Lüge sucht. So einer kann einen glatt wahnsinnig machen. Wenn er es lang genug durchhält.

ARX Die Wahrheit hat noch keiner durchgehalten.

MANZ *taucht hinter der Gruppe auf.*

Die Wahrheit ist, meine Herren, dass ich Ihnen gerne einen überaus guten Wein serviert hätte. Eine Pause haben wir doch verdient, oder erlaubt das Ihr Drehreglement nicht?

KERN Pausen sind sogar vorgeschrieben.

MANZ Dann möchte ich jetzt ein Glas Steinberger mit Ihnen trinken. Unten im Dorf. Es gibt dort eine sehr gute Weinstube. Ein paar Minuten mit dem Wagen. Steigen Sie schnell ein.

ARX Soll ich unsere Karre auch mitfahren?

MANZ Das können Sie alles hier stehenlassen.

WOLF Wir müssen durchkommen, Herr Manz.

MANZ Eine halbe Stunde. Machen Sie mir die Freude.

WOLF Können wir eine Kamera und den Ton mitnehmen?

MANZ Natürlich.

*Sie steigen alle in den Jaguar. Manz fährt den Wagen. Wolf sitzt neben ihm. Das Team sitzt mit Kamera und Ton hinten.*

## *8*

*Manz fährt langsam einen Waldweg hinunter.*

MANZ *schaut in den Rückspiegel.* Haben Sie wieder eine persönliche Frage?

THIEME Sieht man mir das an?

MANZ Ich sehe es.

THIEME Ja, ich denke gerade, so ein Mann wie Sie hat doch einigen Einblick gehabt in das Getriebe der Welt.

MANZ *nickt.*

THIEME Ich meine, unsereiner sieht ja nur die Tagesschau.

MANZ *lächelt.*

THIEME Wie, glauben Sie, wird es weitergehen?

MANZ Ich glaube, dass die vom sogenannten menschlichen Verstand geschaffene Ordnung auf die Dauer kein besseres Weltgebäude errichten wird als die mittelalterliche Kirche.

ARX Das sind aber nicht sehr aufklärerische Gedanken.

MANZ Vielleicht doch. Schauen Sie sich um. Was tun wir denn? Wir glauben. Wir glauben an die alleinseligmachenden Wirkungen der menschlichen Wissenschaft. Ehe ich an ein solches Menschenwerk glaube, glaube ich doch lieber an einen wundertätigen Gott. Das ist doch viel logischer.

ARX Ohne dieses Menschenwerk wären Sie schon lange nicht mehr am Leben.

MANZ Da haben Sie recht.

ARX Ich nehme an, Sie waren auch schon mal im Krankenhaus.

MANZ Ich hänge sogar zweimal in der Woche an einer Nierenmaschine.

WOLF Das ist mir neu.

KERN Dabei müssten Sie einmal unser Archiv sehen.

MANZ So einige Sachen habe ich schon verbergen können. Meine Klausur in der Jagdhütte - da steht meine Nierenmaschine.

ARX Dann verstehe ich Sie umso weniger. Nur die menschliche Wissenschaft hält Sie noch am Leben.

MANZ Ich sage ja, Sie haben recht. Aber diese menschliche Wissenschaft hält einen so lange am Leben, bis man endgültig erkennt, dass dieses Leben überhaupt nicht mehr lebenswert ist und man sich das Leben nimmt. Das ist doch einigermaßen paradox, wie Sie zugeben müssen. Und wenn man einen solchen Selbstmord nicht höllisch perfekt durchführt, schnappen die einen noch und legen einen auf die Intensivstation.

WOLF Und wenn man dann wieder aufwacht, ist man aber schon froh.

MANZ Das ist ja das Verrückte daran. Weil man als Erstes wieder die alten Lebensillusionen hat. Irgendetwas ist da in uns, das uns immer wieder in dieses Leben hineintreibt, gegen alle Lebenserfahrung.

ARX Die Menschen sollten ihre Phantasie gebrauchen. Die Phantasie an die Macht.

MANZ Sie vergessen, dass zumindest seit der Renaissance die menschliche Phantasie identisch ist mit der Befreiung der menschlichen Vernunft. Die Vernunft ist die Phantasie des Menschen. Und sehen Sie, was daraus geworden ist.

ARX Die Vernunft ist die Feindin des Verstandes, hat irgendein Denker gesagt.

MANZ Heidegger. Aber das heißt anders. Die Vernunft ist die Widersacherin des Denkens.

WOLF Den hat er nicht so gern.

THIEME Na ja, dann weiß ich ja jetzt genau Bescheid.

*Gelächter*

WOLF Ich muss noch einmal nach dem Tod Ihrer Frau fragen.

MANZ Darüber möchte ich nicht reden. Sie war zum Schluss sehr krank.

WOLF Sie haben sich verstanden?

MANZ Ja.

WOLF Sie war an Ihrem Aufstieg beteiligt?

MANZ Sehr sogar.

WOLF Und nachher?

MANZ Hat sie die Kehrseite kennengelernt. Ab einer bestimmten Höhe wird die Luft sehr dünn, um nicht zu sagen eisig. Und wer nicht in dieser Höhenlage aufgewachsen ist, der hat Schwierigkeiten.

WOLF Ihre Frau zum Beispiel?

MANZ Sie war in kleinstädtischen Verhältnissen groß geworden. Das merkte man ihr an. Und man ließ es sie auch merken. Aber ich konnte deshalb ja nicht meine Karriere abbrechen, meine Geschäfte einstellen, das wollte sie auch nicht. Aber je erfolgreicher ich war, desto schwieriger wurde die Situation für sie.

WOLF Sehr viele Leichen, die an so einem Weg liegen.

MANZ Ja. Man kommt sich vor wie ein Mörder. Obwohl man eigentlich gar nichts getan hat. Ich habe nie versucht, Menschen absichtlich fertigzumachen. Ich habe nie ein wirklich krummes Ding gedreht. Manche Sachen waren hart an der Grenze, gut, aber immer noch diskutabel. Ich hab mich im Rahmen der Gesetze dieses Staates bewegt. Privat und in meinen Geschäften. Und doch gibt es Tote.

*Er fährt durch eine Dorfstraße und parkt vor einem Gasthof.*

## 9

*Manz und das Team werden beim Aussteigen aus einem parkierenden Wagen heraus mit Teleobjektiven fotografiert*

WOLF Presse?

MANZ *winkt ab und geht in den Gasthof.*

*Kern winkt mit der Kamera zu dem Pressewagen.*

*Das Team folgt Manz und Wolf.*

**10**

*Manz und das Team im Gasthof. Die Wirtin kommt ihnen entgegen.*

MANZ Die Herrschaften da draußen kommen aber nicht herein, Frau Lämmle.

WIRTIN Gehen Sie in die Weinstube und ziehen Sie den Vorhang zu.

KERN Dann hab ich kein Licht.

WIRTIN Die fotografieren durch die Fenster. Und zertrampeln mir den Garten. Der Steinberger, Herr Manz?

MANZ Ja, für alle.

*Sie gehen in die Weinstube, Manz setzt sich sofort an einen Ecktisch in einen großen holzgeschnitzten Lehnstuhl.*

WOLF Auch ein Lieblingsplatz von Ihnen?

MANZ Ich habe hier sehr oft gesessen.

*Die Wirtin bringt den Wein und Gläser.*

*Manz nimmt die Flasche.*

Ich mach das schon, Frau Lämmle.

WIRTIN Zum Wohl, die Herren.

*Sie geht.*

MANZ Zum Wohl.

*Sie trinken.*

*Die Reporter erscheinen mit ihren Fotoapparaten am Fenster. Kern hält seine Kamera auf sie.*

*Die Reporter verschwinden.*

WOLF Können wir weitermachen, Herr Manz?

MANZ Ja.

WOLF Kamera ab. Ton ab.

ARX Manz, die sechste. *Er klatscht in die Hände.*

WOLF Herr Manz, wir haben noch nicht Ihren eigentlichen Aufstieg in die Gesellschaft geschildert. Wie hat sich das abgespielt?

MANZ Ich habe mir einen regelrechten Plan gemacht.

WOLF Mit Ihrem Vetter?

MANZ Der war immer mal wieder dabei. Er hatte etwas von einer Klette.

WOLF Und war an der Baufirma beteiligt?

MANZ Die Baufirma gehörte mir inzwischen alleine. Er hatte seinen Anteil an mich verkauft, machte eigene Geschäfte.

WOLF Nicht die besten.

MANZ Schlechte auch nicht.

WOLF Und Ihr Plan?

MANZ War ganz einfach. Ich hatte von einem Textilbetrieb erfahren, der schlecht ging, der daher billig zu haben war. Das Tolle daran war, und das hatte niemand so recht realisiert, dass hinter einer miesen Bilanz ein Riesengrundbesitz steckte. In Stadtrandnähe. Ich habe die Firma aufgekauft und sofort liquidiert, das heißt, alle Grundstücke von meiner Baufirma übernehmen lassen, da konnte ich den Wert der Grundstücke ja selbst bestimmen. Sie sehen, ich mache Ihnen nichts vor.

WOLF War das einwandfrei?

MANZ Völlig legitim. Ich habe keinem geschadet.

WOLF Aber sich selbst bereichert?

MANZ Das war der Sinn der Sache. Aber das ist doch wohl noch erlaubt. Es ist in unserer Gesellschaft jedem freigestellt, reich zu werden. Das ganze deutsche Volk hat sich nach dem Krieg bereichert.

WOLF Aber in sehr unterschiedlichem Ausmaß.

MANZ Natürlich. Das ist in einer funktionierenden Wirtschaft so.

WOLF Kommt darauf an, für wen sie funktioniert.

MANZ Nein, es kommt darauf an, dass sie funktioniert, für wen und wie ist egal.

WOLF Da bin ich anderer Meinung. Aber bleiben wir bei Ihren Geschäften. Die Transaktion brachte Ihnen, wie man heute weiß, hundertzwanzig Millionen.

MANZ Die ich sofort über die Börse in eine mittlere Chemiefirma steckte. Ich kaufte ein Jahr lang, bis ich einundfünfzig Prozent der Aktien besaß.

WOLF Wollten Sie Chemikalien produzieren?

MANZ Überhaupt nicht. Aber ich wusste von einem Bankier, dass die Produkte dieser Firma eine gute Ergänzung für einen Chemiekonzern waren, der diversifizieren wollte. Ich war schneller als dieser Konzern. Dann bin ich zu denen hin und hab ihnen klargemacht, dass es für sie billiger wäre, wenn sie meine Chemiefirma mitsamt den Patenten auf einen Schlag übernehmen würden, als wenn sie mit großen Kosten und über lange Zeit Konkurrenzprodukte entwickelten. Das haben sie eingesehen. Ich habe ihnen die einundfünfzig Prozent meiner Chemiefirma übergeben, und sie haben mir fünfundzwanzig Prozent an ihrem Konzern übergeben.

WOLF Eine Schachtelbeteiligung?

MANZ Ja.

WOLF Und damit waren Sie oben?

MANZ Damit war ich ziemlich weit oben. Von nun an ging es wie von selbst. Bankiers und Unternehmer kamen zu mir, boten mir Firmen und Beteiligungen an. Ich verpfändete meine Konzernbeteiligung –

WOLF Wert?

MANZ Dreihundert bis vierhundert Millionen, und kaufte weiter. Nach fünf Jahren besaß ich über zwanzig Firmen. Ich saß in Aufsichtsräten, tafelte mit Bankiers, machte Geschäfte in New York, in Moskau, hatte meine eigene Bank, eine weltweit operierende Konzernzentrale, Generalbevollmächtigte, die Minister der Regierung suchten mich auf.

WOLF Also ganz oben?

MANZ Dachte ich. Ich habe es geglaubt. Ich habe es wirklich geglaubt.

WOLF Eine rasante Kariere.

MANZ Schrieb die Presse. Für mich war es mehr ein Wunder.

WOLF Dem Sie kräftig nachgeholfen haben.

MANZ Wenn Sie einmal bei einer ersten Adresse Kredit haben, haben Sie überall Kredit. Das geht eine ganze Weile. Da können

Sie senkrecht nach oben. Aber es braucht nur einmal eine den Hahn zuzudrehen, eine von diesen ersten Adressen, dann geht es senkrecht nach unten.

WOLF Aber so weit war es ja noch nicht.

MANZ Nein, im Gegenteil, sogar Fürstenfeld gab mir Kredit. Fürstenfeld mir.

WOLF Haben Sie neben Fürstenfeld gesessen?

MANZ Sehr oft sogar.

WOLF Ihr Wunsch hatte sich also erfüllt?

MANZ Ja und nein. Ich saß zwar neben ihm, aber das war auch alles.

WOLF Worüber haben Sie gesprochen?

MANZ Er hat nicht mit mir geredet.

WOLF Überhaupt nicht?

MANZ Nein. Einmal hat er bei einem Diner eine Lady Curzon zurückgehen lassen. Wegen des Tierschutzes. Und dann hat er mir einen langen Vortrag über die armen Schildkröten gehalten.

WOLF Aber er kannte Sie jetzt.

MANZ Bei Geschäftsempfängen hat er mich natürlich begrüßt. Aber seinen Fahrer hat er auch immer so begrüßt.

WOLF Sie hatten doch Geschäftsbeziehungen?

MANZ Er hat mir Kredit einräumen lassen. Durch seinen Generalbevollmächtigten.

WOLF Keine private Einladung?

MANZ Nein.

KERN Kassette ist leer.

WOLF Wir machen oben weiter.

*Sie verlassen die Weinstube.*

MANZ Frau Lämmle.

WIRTIN Geht schon in Ordnung, Herr Manz.

*Sie verlassen den Gasthof.*

## 11

*Sie steigen vor dem Gasthof in den Jaguar. Manz rast durch die Dorfstraße, biegt in den Waldweg ein und fährt sehr schnell zur Jagdhütte zurück.*

MANZ Da drüben wohnt er übrigens.

WOLF Wer?

MANZ Fürstenfeld. Er hat dort seine Jagd.

WOLF Sie sind Nachbarn?

MANZ Das war erst so zum Schluss. Ich habe das Grundstück ersteigert, um eine Ferienvilla hierherzusetzen. Ich hielt es für eine gute Idee. Es war vielleicht mein größter Fehler.

WOLF Wieso?

MANZ Er hat mir ausrichten lassen, er fände es unpassend.

WOLF Versteh ich nicht.

MANZ Das sind so ungeschriebene Gesetze, die man immer erst bemerkt, wenn man sie übertritt. Dort drüben residiert Fürst Glott, da drüben Baron von Holl, gute Gegend hier, aber nicht für unsereinen. Das ist so, als ob ein Neger in einen weißen Villenvorort zieht, drüben in den Staaten natürlich.

WOLF Das hat doch nicht zu Ihrem Sturz beigetragen?

MANZ Ich glaube, es hat ihn ausgelöst. Ich war den Herrschaften zu nahe auf die Pelle gerückt. Sie wollen hier ihre Ruhe haben und unter sich sein. Wenn sie schon Geschäfte mit einem Mann wie mich machen müssen, dann wollen sie wenigstens privat ungestört sein.

WOLF Aber Sie wohnen noch hier?

MANZ Nicht mehr lange.

WOLF Haben Sie die Jagdhütte gebaut?

MANZ Die stand da schon. Ich habe sie nur ein bisschen umgebaut. Das mit der Villa hab ich nicht mehr gewagt.

WOLF Wird Ihre Tochter den Besitz verkaufen?

MANZ Das überlass ich ihr.

*Manz stoppt hart vor dem Jagdhaus. Sie steigen alle aus und gehen zusammen in das Haus.*

## 12

*Im Jagdhaus. Die Sekretärin und der Konkursverwalter haben offenbar gewartet. Ein großes Gemälde steht an einen Sessel gelehnt.*

MANZ Seid ihr fertig?
SEKRETÄRIN Wir haben nur noch auf den Wagen gewartet.
MANZ Wer hat das Bild abgehängt?
KONKURSVERWALTER Das Bild –
MANZ – gehört mir.
KONKURSVERWALTER Entschuldigung. Es war nicht im Verzeichnis Ihrer Tochter aufgeführt. Und da dachte ich –
MANZ Meine Bilder hänge ich immer noch selbst ab.
SEKRETÄRIN Wir gehen. Bis morgen.
*Die Sekretärin und der Konkursverwalter verlassen den Raum. Man hört das Geräusch des abfahrenden Wagens.*
MANZ Mein Lieblingsbild. Yves Klein. Monochromes Blau. Habe ich selbstverständlich viel zu teuer gekauft.
WOLF Selbstverständlich?
MANZ Nach Ansicht einiger kultivierter Herren.
WOLF Sie haben doch immer Bilder gekauft?
MANZ Ja, aber es kommt darauf an, zum richtigen Zeitpunkt den richtigen Maler zu erwischen.
WOLF Wie viel Sie für ein Bild ausgeben, ist doch wohl Ihre Sache. Wenn Sie das Geld haben.
MANZ Das ist egal, wie viel Geld Sie haben. Sie müssen Modiglianis Bilder noch in seiner Stammkneipe gekauft haben. Dann sind Sie ein Kunstkenner. Später teuer auf einer Auktion kaufen, nachdem er anerkannt ist, da sind Sie nur ein Neureicher, der sich mit Kunst behängt. Aber den Yves Klein konnte ich mir

erst leisten, als er schon teuer war. Pech, nicht wahr? Aber er gefällt mir. Vor diesem Bild kann ich stundenlang sitzen.

KERN Wir müssen. Das Licht lässt nach. Und Nachtaufnahmen sind nicht drin.

ARX Kamera?

KERN Ja.

ARX Ton?

THIEME Ja.

ARX Manz, die siebte. *Er klatscht in die Hände.*

*Manz steht und stützt sich auf das Bild.*

WOLF Herr Manz, Ihr Sturz hatte offenbar viele Gründe. Aber die wichtigste Ursache war doch wohl der Skandal mit diesem Vetter.

MANZ Einen Skandal hat nur die Presse daraus gemacht. Mittels vieler Lügen.

WOLF Erzählen Sie uns, wie Sie es sehen.

MANZ Der Kerl tauchte halt eines Tages wieder auf. Ich hatte ihn schon ganz vergessen, mitsamt der Kleinstadt, dem Kaufhaus, dem Baugeschäft. Das war für mich Vergangenheit. Aber er tauchte auf. Geldschwierigkeiten. Wie immer bei ihm.

WOLF Und damit tauchte auch die Vergangenheit wieder auf, die Sie vergessen wollten?

MANZ Ja.

WOLF Und dann kam es zu diesem seltsamen Koffergeschäft.

MANZ Ja.

WOLF Ist Ihnen eigentlich aufgefallen, dass Sie ihm zum zweiten Mal Geld in einen Koffer gepackt haben?

MANZ Ja.

WOLF Einmal zu Beginn Ihrer Karriere und einmal am Ende dieser Karriere.

MANZ Ich habe darüber nachgedacht.

WOLF Ein Zufall?

MANZ Darüber sollen sich andere den Kopf zerbrechen.

WOLF Der Unterschied bestand diesmal nur in der Summe.

Es war immerhin eine Million.

MANZ Er sollte damit verschwinden. Für immer.

WOLF Wusste er so viel? Ihre Geschäfte waren doch immer alle legal.

MANZ Dabei bleibe ich auch. Aber es war unmöglich, dass so eine Type in meiner Nähe herumwieselte. Sich als Verwandter wichtig machte. Ich wollte ihn loswerden. Man erkundigte sich schon nach ihm. Und er quatschte auf jeder Party von unseren ärmlichen Anfängen.

WOLF Die Anfänge hatten Sie wieder eingeholt, und Sie haben gedacht, das könne man mit einer Million im Koffer aus der Welt schaffen.

MANZ Ja.

WOLF Unversteuertes Geld.

MANZ Das hört sich seltsam an, ich weiß, einem normalen Angestellten ist das völlig unverständlich. Aber bei internationalen Konzerngeschäften ist es manchmal schon sehr schwierig, das Geld durch die Steuer laufen zu lassen. Das ist oft schon ein Kunststück. Das ist alles so konstruiert, dass man möglichst keine Steuern zahlt. Man hat also immer Gelder, die weg müssen. Und das Geld lag schon lange bei mir herum. Ich wollte die Sache großzügig erledigen. Ich hätte ihn auch ohne einen Pfennig vor die Tür setzen können. So konnte er sich irgendwo in Südamerika niederlassen und alles verprassen. Was tut er? Fängt wieder ein Geschäft an. Will auch Unternehmer spielen. Irgendwann muss er ein Telefonat mitbekommen haben. Ich hatte Informationen über eine Firma. Ich saß im Aufsichtsrat, der Laden lief nicht so recht, wir hatten vor, zu fusionieren. Ich sprach mit einem Bankier darüber. Ein ganz normales Geschäftsgespräch. Aber er hatte es gehört. Und plötzlich war da ein Aufkäufer an der Börse. Wir bekamen so schnell nicht heraus, wer dahintersteckte. Es lief über eine Schweizer Bank. Irgendeiner kaufte hartnäckig.

WOLF Ihr Vetter.

MANZ Was immer noch nicht so tragisch gewesen wäre, hätte er seinen Gewinn eingesteckt und behalten. Stattdessen wird der Idiot plötzlich sentimental, entwickelt Familiensinn und überweist mir hunderttausend auf meine Bank. Provision.

WOLF Ein eindeutiger Hinweis auf ein Insidergeschäft. Sie hatten Informationen als Aufsichtsrat und haben Geld daraus geschlagen. Das gilt als nicht sehr ehrenhaft.

MANZ Das hätte ich raffinierter gemacht. Ich habe die hunderttausend sofort zurücküberwiesen. Zu spät. Eine Woche später stand es in der Presse. Jetzt erklären Sie das mal.

WOLF Schwierig. Eine einfache Geschichte, so, wie Sie sie erzählen. Aber für einen Mann in Ihrer Position absolut unglaubwürdig.

MANZ Aber nur für einen Mann wie mich. Für einen Fürstenfeld wäre das kein Problem. Der ist immer absolut glaubwürdig. In jeder Position. Und bei jedem Geschäft.

WOLF Glauben Sie?

MANZ Glauben Sie nicht? Wie sind denn die alten Familien groß geworden und reich und mächtig. Genau so. Alle. Die haben dasselbe gemacht. Nur über Jahrhunderte. Einen anderen Weg gibt es gar nicht. Hätte ich diesen Vetter mit der Prinzessin von Monaco verheiratet, und wäre mein Großvater schon Bankier von Bismarck gewesen und mein Vater Industriegründer und ich in Oxford aufgewachsen, wäre es nur ein Stilbruch gewesen, der Fauxpas einer guten Familie. Kleiner Riss in der Fassade, die Säulen bleiben stehen. Da geht man mit einer Geste drüber hin, und alles ist vergessen. Was war ich? Der Sohn eines bankrott gegangenen Eisenwarenhändlers. Volksschüler. Angestellter in einem Stahlwerk. Ein Neureicher, der sich das alles erst erarbeiten musste.

WOLF Nun, alles haben Sie ja nicht selber erarbeitet.

MANZ Aber durch Arbeit zusammengehalten.

WOLF Auch durch die Arbeit anderer.

MANZ Die ich zu einer großen, konkurrenzfähigen Einheit zusammenfasste.

WOLF Die Sie reich machte.

MANZ Die von Fürstenfeld zu einem Spottpreis übernommen wird und ihn noch reicher macht.

WOLF Weil Sie von seinen Krediten abhingen.

MANZ Heute hängt alles von Krediten ab. Kredit heißt Vertrauen. Und wer schenkt Ihnen sein Vertrauen und zieht es wieder zurück? Irgendein älterer Herr mit sehr viel Stil, Geschmack und Kunstverstand. Von Kunst versteh ich ein wenig, beim Geschmack lag ich immer falsch. Und Stil? Mein Gott, woher? Wie soll so einer Vertrauen zu mir haben? Eine Zeitlang vielleicht. Wenn der Laden läuft. Wenn nicht, oder wenn er zu gut läuft, ist Schluss. Da können Sie Kammerkonzerte veranstalten, so viel Sie wollen, das Haus liegt am falschen Ort, Ihre Bildersammlung haben Sie viel zu teuer gekauft, die Yacht ist entweder eine Spur zu groß oder zu klein, die Party zu prächtig oder zu jämmerlich, man kriegt es nie genau hin. Die entscheidende Nuance fehlt. Immer.

WOLF Sagen die anderen.

MANZ Und deren Meinung zählt.

WOLF Sie haben immerhin durch Ihre Leistung –

MANZ – gar nichts erreicht. Der Konzern, den ich aufgebaut habe, ist keinen Pfennig weniger wert als vorher. Nur ich bin nichts mehr wert. Der Konzern verdient sein Geld genauso wie vorher. Der Konzern ist nicht bankrott. Ich bin bankrott. Den Konzern, also meine Arbeit, hat man mir gern abgenommen. Nur ich passe nicht mehr in die Landschaft. Ich bin moralisch diskreditiert. Plötzlich ist alles eine Frage der Moral. Leistungsgesellschaft. Wenn ich das schon höre. Das ist eine Kreditgesellschaft. Das steht alles auf Pump. Und den Kredit geben andere. Und sie nehmen ihn auch wieder. Wie sie wollen. Das ist im entscheidenden Moment lediglich eine Frage der Moral. Ihre Leistung ist da ganz uninteressant. Damit erreichen Sie gar nichts. Jeder bleibt das, was er ist. Der eine ist Kreditgeber, der andere Kreditnehmer. Ich bin der Sohn eines Eisenwarenhändlers. Das verliert sich nie. Das riechen die da oben gegen den Wind.

*Pause*

Aber es macht mir jetzt nichts mehr aus. Im Grunde bin ich jetzt sogar sehr froh über das alles. Dass es vorbei ist. Dass es hinter mir liegt. Die ständige Angst, etwas falsch zu machen. Die Angst, immer alles richtig zu machen. Die ewige Angst vor dem Zusammenbruch dieses ganzen Gebäudes, das man da auftürmt. Nachdem man mich vor die Tür gesetzt hat, war ich auf einmal richtig erleichtert.

WOLF Ist der Ruf erst ruiniert, lebt's sich völlig ungeniert.

MANZ Da ist was dran. Wissen Sie, wenn man sich das vernünftig überlegt, so als erwachsener Mann. Das war doch völliger Wahnsinn, was ich da dreißig Jahre lang getrieben habe. Ich meine richtig idiotisch. Eine Firma an die andere gehängt. Um den Globus gerast. Aufträge. Finanzierungen. Repräsentation. Verhandlungen. Wozu? Für den Konzern. Und jetzt? Der Konzern ist noch da. Ich bin noch da. Alles läuft weiter. Mir gehört es zwar nicht mehr, aber es hat mir ja eigentlich nie gehört, sondern den Aktionären, den Obligationären, den Banken, den Aktionären der Banken und was weiß ich wem noch alles. Ich war da nur die Galionsfigur.

WOLF Gut bezahlt und auch beteiligt.

MANZ Ja. Aber jetzt bin ich frei. Und von dem Punkt aus kann ich nur sagen, ich habe dreißig Jahre lang alles falsch gemacht. Es war alles falsch. Das ist meine Meinung.

WOLF Und jetzt?

MANZ Jetzt bin ich eigentlich sehr glücklich.

WOLF Sagen Sie das nur so? Alle Welt nimmt an, dass Sie todunglücklich sind, verzweifelt.

MANZ Warum sollte ich? Ich kann ja nichts mehr verlieren. Ich stehe wieder da, wo ich angefangen habe. Bei mir kann es nur noch aufwärtsgehen. Gibt es eine schönere Position für einen Mann? Ein neuer Start. Ein neuer Anfang. Die Welt ist rund,

und überall ist etwas los. Mit meinen Erfahrungen. Ich kann alles managen. Vielleicht kümmere ich mich um die Natur, um Energie. Ich habe noch aus allem einen Erfolg gemacht. Um mich machen Sie sich mal keine Sorgen.

WOLF Danke, das wars.

*Das Kamerateam packt eilig seine Sachen ein.*

MANZ Zufrieden?

WOLF Ja. Wird sicher ganz interessant. Ich werde noch einiges kommentieren müssen. Wollen Sie das vor der Ausstrahlung sehen?

MANZ Nein. Ich überlasse es Ihnen.

WOLF Bleiben Sie hier oben im Jagdhaus?

MANZ Ja. Ich muss heute Nacht wieder an meine Nierenmaschine.

WOLF Auch kein Vergnügen.

MANZ Es gibt Schlimmeres.

WOLF Wenn ich ehrlich sein soll, der Schluss eben war mir etwas zu euphorisch.

MANZ Die übliche Schlussantwort für einen Mann wie mich.

WOLF Eben, Sie haben doch gesagt, es war alles falsch. Wieso können Sie im gleichen Atemzug sagen: Es geht weiter.

MANZ Es gibt eine Zeit der Fragen, und es gibt eine Zeit der Antworten. Auf Wiedersehen.

*Er verabschiedet sich von jedem mit Handschlag. Das Team trägt seine Geräte zum Wagen.*

*Manz bleibt in der Tür stehen und schaut zu. Das Team fährt ab. Er winkt.*

## 13

*Der Reportagewagen fährt langsam über den Waldweg.*
*Ein Schuss fällt.*
*Arx tritt auf die Bremse.*

WOLF Setz zurück, los!

*Der Wagen setzt zurück bis vor das Jagdhaus. Der Kameramann springt heraus, nimmt seine Kamera und läuft in das Haus. Die anderen bleiben am Wagen stehen.*

*Der Kameramann kommt wieder heraus.*

KERN Er liegt auf dem Bild.

WOLF Hast du es im Kasten?

KERN Nein, konnt ich nicht.

## 14

*Im fahrenden Reportagewagen.*

THIEME Er hat eigentlich alles so hingekriegt, wie er es wollte.

WOLF Er ist überall noch einmal hingegangen, wo er noch einmal hingehen wollte, und hat alles gesagt, was er sagen wollte.

KERN Nur nicht immer in die Kamera.

WOLF Auch das hat er genau kalkuliert.

KERN Meinst du, wir haben die Wahrheit im Kasten?

WOLF Jeder Mensch hat seine Wahrheit, und die soll man ihm auch lassen.

ARX Bleibt es beim Arbeitstitel? Der Aufstieg?

WOLF Nein.

ARX Wie willst du es nennen?

WOLF Ein Mann geht verloren.

*Der Titel wird eingeblendet:*

*EIN MANN GEHT VERLOREN*

*Ende*

Zum Schluss ein Sprachspiel im Wortsinn, Friedhelm Ortmann hat es für den Westdeutschen Rundfunk inszeniert. Die Akademie der Darstellenden Künste wählte es zum Hörspiel des Monats, es hätte den Prix Italia bekommen, wenn es (so die Jury) das Thema nicht zu humorvoll gestaltet hätte. Ein deutscher Text wird von einer internationalen Jury wegen des Humors abgelehnt. Bemerkenswert.

Die Einführung überlasse ich gerne Eva-Maria Lenz, die in der Frankfurter Allgemeinen Zeitung schrieb: »Verjüngt und verschärft hat Forte jetzt auch die Form des sprachexperimentellen Hörspiels. Sein Sprachspiel ist hellhörig und spitzzüngig dem Zeitgeist auf der Spur. Es karikiert Formen des Meinungsaustauschs, bei denen tatsächlich die Meinungen austauschbar sind.

Beflissen lauschen zwei Männer einem Kommunikationstraining von der Kassette. ›Sie suchen nicht das Gespräch, sie suchen das erfolgreiche Gespräch‹ –, lädt eine suggestive Frauenstimme die Zielgruppe des Kurses ein. Bei aller Ähnlichkeit dieses Kursziels mit tatsächlich verbreiteten Lehrangeboten strebt Forte nicht dokumentarische Authentizität, sondern die Wahrheit der Satire an. Nach dem doppeldeutigen Einstieg ist es kein Wunder, dass das Gesprächstraining mit Begriffen jongliert, bis sie sich in ihr Gegenteil verkehren. Die ›Sympathiefelder‹, die der Kassettenzögling aufbauen lernt, sichern in Wirklichkeit Machtdomänen ab, der ›Partner‹ entpuppt sich zunehmend deutlicher als ›Gegner‹. Überhaupt wird Partnerschaft nur gemimt, um Herrschaft desto verborgener und sicherer üben zu können. Das obligatorische Image der Offenheit überstrahlt radikales Misstrauen. Im Grunde ist es der Schlagabtausch im Boxkampf, den die gepflegt sterile ›Face-to-face-Situation‹ imitiert.

Im *Sprachspiel* erscheint eine Parade von Floskeln als Parodie ihrer selbst. Als höchstes Lernziel des verbissenen Gesellschaftsspiels gilt es, Äußerungen anderer hervorzulocken, selbst jedoch seine Meinung zu verbergen, ja schließlich keine mehr zu haben. Tarnformen der Kontaktverweigerung.

Zuweilen fallen Analogien zu politischen Gesprächen mit bloß atmosphärischen Qualitäten auf. ›A: Was haben wir gesagt? B: Wir haben miteinander darüber geredet. A: Das ist die Gemeinsamkeit.‹ Gilt der ›optimistische Blickkontakt‹ alles, der Inhalt des Gesprächs nichts, dann ist es nur folgerichtig, dass sich am Ende des Kurses sein spezielles Thema – Verbesserung der Kommunikation in einem Betrieb – als nichtig erweist. Nachdem der Vorschlag auf verschiedenen Stufen der Betriebshierarchie von geschulten Mitarbeitern sorgfältig umgangen worden ist, kann die Führungsspitze ihn mit einem Wort ablehnen. Nach zahlreichen in sich rotierenden Diskussionen bleibt alles beim Alten. Grotesk wirkt die wortreiche Perfektion des Leerlaufs bei Gesprächspartnern, die als Absolventen des einschlägigen Trainings vor jeder Stellungnahme zurückschrecken und gegenseitig ihrer Meinungslosigkeit applaudieren: ›Ich bin Ihnen immer verbunden, solange wir unverbindlich bleiben.‹ Forte spielt sein Thema mit paradoxen Pointen und mit allen komischen Konsequenzen durch.

Der Autor entwirft das Schreckgespenst einer Gesellschaft, die nicht durch Manipulation von oben gleichgeschaltet wird, sondern von der Basis her durch ein fast unmerkliches kompliziertes System von freiwilligem Konformismus. In so witziger Form wie hier ist selten ein Alptraum zu erleben.«

Sprachspiel

*Ein Kommunikationstraining*

A Männerstimme

B Männerstimme

C Frauenstimme auf einer Kassette

*Die Stimmen der Männer: nicht mechanisch, sondern mit Gefühl, mit Betonung, eine Situation spielend, unsicher, auftrumpfend, überlegen, prahlend.*
*Die Stimme der Frau: beschwörend, einflüsternd, suggestiv.*

*Gong*

C Ich begrüße Sie sehr herzlich.
Darf ich mich vorstellen: Ich bin Ihre Gesprächspartnerin, Ihr Kassettentrainer.
Sie werden bemerken, dass dies ein konventioneller Gesprächsanfang ist.
Am Ende unseres Schnellkurses werden Sie über diesen üblichen Anfang weit hinaus sein.
Sie haben diesen Kassettenkursus bestellt, um Ihre Gesprächstechnik weiterzuentwickeln.
Das heißt, Sie suchen nicht das Gespräch.
Sie suchen das erfolgreiche Gespräch.
Diesen Erfolg erreichen Sie bei genauer Einhaltung unserer Regeln.
Unser Sprachlabor garantiert Ihnen mit seinen ausgefeilten Methoden, dass Sie Ihre Meinung auf jeden anderen übertragen können, dass Sie andererseits aber vor der Meinung der anderen vollkommen geschützt sind.
Je perfekter Sie unsere Gesprächsregeln anwenden, desto sicherer werden Sie Herr des Gespräches sein. Bereiten Sie sich zunächst alleine vor.
Studieren Sie das Begleitmaterial genau.
Lernen Sie die Lektionen auswendig.

Die Regeln sind alles.
Wiederholen Sie diesen Satz.

A Die Regeln sind alles.

C Der Inhalt ist unwichtig.
Wiederholen Sie diesen Satz.

A Der Inhalt ist unwichtig.

C Und jetzt beide Sätze nacheinander.

A Die Regeln sind alles, der Inhalt ist unwichtig.

C Merken Sie sich diesen Grundsatz.
Aber nun ein paar Sätze Theorie, die Ihnen helfen werden, Ihre Situation zu klären.
Sie begegnen täglich Personen, deren Absichten Ihnen gar nicht oder nur sehr oberflächlich bekannt sind.
Wie können Sie vermeiden, von diesen Personen getäuscht zu werden.
Hier hilft unser Kursus.
Der Zugang zu anderen Menschen, zu ihren versteckten Absichten, führt über Mechanismen, die den Gesprächsinhalt bewusst verbalisieren.
Diese Regeln, von deren perfekter Anwendung im Umgang miteinander alles abhängt, sind von elementarer Bedeutung für das Erreichen Ihrer Ziele, für Ihren Erfolg.
Diese komplexe Regelstruktur, ohne deren Befolgung sozial kompetentes Handeln unmöglich ist, führt zu kommunikativen Handlungen und interpersonellen Prozessen, die durch ein sprachliches Regelsystem gesteuert werden.
Das hört sich komplizierter an als es ist.
Merken Sie sich für heute nur:
Die Form, in der ich meine Gespräche führe, ist wichtiger als die darin enthaltene Aussage.
Wiederholen Sie.

B Die Form, in der ich meine Gespräche führe, ist wichtiger als die darin enthaltene Aussage.

C Dieser Satz ist so wichtig, dass wir ihn jetzt noch einmal gemeinsam wiederholen.

B und A Die Form, in der ich meine Gespräche führe, ist wichtiger als die darin enthaltene Aussage.

C Merken Sie sich für heute:
Ein Gespräch kann tausend Inhalte haben.
Nur die perfekte Gesprächsform bringt Ihnen den gewünschten Erfolg.
Wir beginnen jetzt mit einfachen Sprachübungen.
Erste Sprachsituation:
Um ein Gespräch mit Ihnen zu manipulieren, versucht Ihr Gesprächspartner Ihnen Informationen vorzuenthalten.
Wir üben gemeinsam die Lektion A:
Informationszugriff.

*Gong*

Trainieren Sie W-Fragen.
Warum, was, wann, wer, weshalb, wo, wodurch, wem, wie.
Warum –

A – sind Sie gekommen?

C Was –

A – kann ich für Sie tun?

C Wann –

A – kann ich Sie Ihrerseits sprechen?

C Wer –

A – hat diesen Vorschlag gemacht?

C Weshalb –

A – fragen Sie ausgerechnet mich?

C Wo –

A – liegt hier das Problem?

C Wodurch –

A – können wir einander näherkommen?

C Wem –

A – sagen Sie das?
C Wie
A – gehen wir auseinander?

*Gong*

C Warum, was, wann, wer, weshalb, wo, wodurch, wem, wie. Warum –
B – sind Sie nicht dafür?
C Was –
B – denken Sie wirklich darüber?
C Wann –
B – haben Sie diesen Vorschlag gemacht?
C Wer –
B – ist der Initiator?
C Weshalb –
B – haben Sie dafür keine Zeit?
C Wo –
B – ist der Kernpunkt?
C Wodurch –
B – ist die Angelegenheit so kompliziert?
C Wem –
B – trauen Sie diese Aufgabe zu?
C Wie –
B – wollen wir die Angelegenheit gemeinsam verabschieden?
C In der nächsten Lektion trainieren wir die zweite Sprachsituation: Informationsverweigerung

*Gong*

Ausweichende Sprachformen auf konkrete Fragen.
Sie werden – besonders in den unteren Hierarchien einer Organisation – immer noch auf Menschen stoßen, die diesen Kursus nicht absolviert haben, auf Menschen also, die aus alter Ge-

wohnheit eine Antwort auf Ihre Frage erwarten.
Üben Sie deshalb ganz besonders unsere Ausweichsätze.
Frage: Sind Sie nicht auch der Meinung, dass der Kommunikationsfluss in unserer Organisation verbessert werden könnte?
Sprechen Sie jetzt mit lauter und fester Stimme Ihre Ausweichsätze.

A Ich bin der Ansicht –
Ich wollte darauf hinweisen –
Ich denke darüber nach –
Sie waren der Ansicht, dass –
Sie haben vielleicht gehört, dass –
Es lässt sich hier natürlich einwenden –
Sie verwiesen seinerzeit darauf –
Das möchte ich so nicht stehenlassen –
B Zu Recht muss hier gefragt werden –
Ich möchte meinen –
Ich könnte mir vorstellen –
Ich halte es für möglich –
Ich versuche es einmal mit folgender Begründung –
Stellen Sie sich vor –
Was würden Sie sagen, wenn –
Was meinen Sie, was daraus folgt –
Sie müssen mir zugeben –
Bedenken Sie bitte das Gesagte –
C Lassen Sie die eigene Meinung vom Gegner finden.
Begründen Sie Ihre Nichtmeinung.
Widerlegen Sie sich selbst.
Durchschauen Sie Ihre Absichten.
Durchschauen Sie Ihren Gegner.
Lassen Sie Ihren Gegner sprechen.
Vertreten Sie auf keinen Fall Ihre eigenen Ansichten.
Beweisen Sie Unbestreitbares, aber exakt.
Widerlegen Sie Nichtbehauptetes, aber exakt.

B Sie sind doch auch der Meinung, dass…
Sicher ist Ihnen bekannt…
Sind Sie nicht der Meinung, dass…
Sie behaupten doch nicht etwa, dass…
Sie berühren hier ein wichtiges Problem…

C Bedenken Sie, dass eine unterschobene Meinung Ihre Meinung sein kann.
Achten Sie darauf, ob eine Ihnen unterschobene Meinung tatsächlich eine Meinung ist.
Ihr Gegner darf nicht den Eindruck haben, manipuliert zu werden.
Er muss überzeugt sein, dass Sie meinen, was Sie sagen.

A Ich erwarte eine Antwort.
Haben Sie das so oder so gemeint?
Ich danke Ihnen für Ihre Meinung.
Ich bin der Meinung, dass Sie meine Meinung nur bestätigen.
Ich denke, dass zu diesem Aspekt genug gesagt wurde.

*Von der Kassette kommt jetzt – koordiniert mit der Frauenstimme – funktionelle Musik, wie in einem Warenhaus oder Großraumbüro, die unaufdringlich angenehm, entspannend, motivierend wirkt.*

C Wir beginnen heute mit unserem ersten gemeinsamen Gesprächstraining.
Ich begrüße die beiden Kursusteilnehmer, die sich zu diesem ersten gemeinsamen Gespräch zusammengefunden haben, sehr herzlich.
Zunächst aber eine Vorüberlegung:
Was ist überhaupt ein Gespräch?
Ein Gespräch ist eine face-to-face-Situation.
Die face-to-face-Situation ist eine soziale Situation, in der sich Menschen unmittelbar begegnen, einander beobachtend einschätzen und miteinander sprachlich kommunizieren.
Wiederholen Sie gemeinsam diesen Satz.

A *und* B *sprechen gemeinsam diesen Satz*

C Betrachten Sie mich während des Gesprächs nur als Ihren Trainer. Befolgen Sie meine Anweisungen genau.
Ich werde Sie durch verschiedene Gesprächssituationen führen.
Alles andere ist Ihnen überlassen.
Sie haben Ihre Lektionen bekommen.
Konzentrieren Sie sich.
A gegen B.
B gegen A.
Denken Sie an unsere Leitsätze.
Unser Ziel: Das Gespräch.
Der Mensch sucht Rat und Zustimmung, Hilfe und Trost im Gespräch.
Er sucht das offene, vertrauensvolle, zwischenmenschliche Gespräch.
Bemühen Sie sich daher, menschlich zu wirken.
Zeigen Sie sich von der menschlichen Seite.
Aber denken Sie stets daran:
Wann immer ein Mensch den Mund aufmacht, um mit Ihnen zu reden: Er will Sie manipulieren.
Deshalb manipulieren Sie ihn.
Benutzen Sie ihn für Ihre Ziele.
Spannen Sie ihn für Ihre Zwecke ein.
Nur so erreichen Sie Ihr Ziel.
Lassen Sie Ihre Absichten im Unklaren.
Halten Sie Ihre Formulierungen offen.
Werden Sie niemals deutlich.
Ihr Gegner soll sich offenbaren.
Keine langatmigen Ausführungen.
Schweifen Sie nicht ab.
Keine unnötigen Erklärungen.
Bleiben Sie in Deckung.
Locken Sie Ihren Gegner heraus.
Lassen Sie sich auf keine Beweisführung ein.

Vermeiden Sie Eindeutiges.
Sie müssen jederzeit das Gegenteil behaupten können.
Seien Sie spitzfindig.
Nehmen Sie die Probleme zur Kenntnis.
Zeigen Sie Verständnis.
Aber zeigen Sie kein Mitgefühl.
Zeigen Sie keine Schwäche.
Zeigen Sie nicht Ihre persönliche Meinung.
Bleiben Sie flexibel.
Ergreifen Sie niemals Partei.
Bewahren Sie Ruhe.
Keine Emotionen.
Wir bereiten uns gründlich auf das Gespräch vor.
Formulieren Sie Ihre Grundposition in vier Sätzen.
Zunächst A.

A Ich überprüfe meine Interessen.
Ich durchschaue meine Absichten.
Ich verberge meine Meinung.
Ich entscheide mich.

C Jetzt B.

B Ich stelle Thesen auf.
Ich suche Begründungen.
Ich formuliere Definitionen.
Ich sammle Argumente dafür und dagegen.

C Informieren Sie sich über Ihren Partner.
Alter, Stellung, Interessen, Position.
Tragen Sie geeignete Kleidung.
Wählen Sie einen geeigneten Raum.
Prüfen Sie unauffällig Ihren Partner.
Haltung, Gang, Mimik, Dynamik, Begrüßung.
Die Eröffnungsphase entscheidet über die Rollenverteilung.
Namensnennung schafft Vertrauen.
Blicken Sie Ihrem Partner in die Augen.
Die günstigste Distanz für sachliche Gespräche – A?

A Ein bis drei Meter.
C Für persönliche Gespräche - B?
B Achtzig Zentimeter bis Einmeterfünfzig.
C Verlieren Sie niemals die Distanz von achtzig Zentimeter.
Kommen Sie keinem Menschen zu nahe.
Setzen Sie sich in einen Winkel zwischen neunzig und einhundertfünfzig Grad.
Setzen Sie Ihren Partner so, dass sein Gesicht beleuchtet ist.
Halten Sie Ihr Gesicht im Dunkeln.
Lassen Sie Ihren Partner das Gespräch eröffnen.
Bauen Sie ein Sympathiefeld auf.
Eröffnen Sie stets positiv.
Schaffen Sie Vertrauen.
Beobachten Sie die Reaktionen Ihres Partners.
Vergessen Sie nie, dass Ihr Partner Ihr Gegner ist.
Versuchen Sie, seine Erwartungen herauszufinden.
Stellen Sie sich auf seinen Sprachcode ein.
Achten Sie auf Ihren eigenen Basislevel.
Suchen Sie Blickkontakt.
Normale Blickhöhe: Augenhöhe.
Bei einer Distanz von über Einmeterfünfzig – B?
B Genau zwischen die Augen.
C Bei einer geringeren Distanz – A?
A Nur auf ein Auge.
C Verlieren Sie das Ziel nicht aus den Augen.
Denken Sie immer an Ihr Ziel.
Ich gebe Ihnen jetzt Ihr Thema:
Die Direktion verlangt Vorschläge zur Verbesserung der innerbetrieblichen Kommunikation.
Erste Situation:
Zwei Angestellte aus zwei verschiedenen Abteilungen haben die Aufgabe, über dieses Thema ein Vorgespräch zu führen.
Sprechen Sie jetzt.

*Gong*

*Lange Pause*

C Wer jetzt geschwiegen hat, hat die erste Regel befolgt.
Wie heißt die erste Regel?

A und B Eröffne nie das Gespräch.

C Eröffne nie das Gespräch.
Sprechen Sie jetzt, ohne ein Gespräch zu eröffnen.

*Gong*

A Wie ich höre, geht es um das neue Kommunikationsmodell.

B Ich habe schon davon gehört.

A Das Papier ist Ihnen sicher zugegangen.

B Ich denke, das Papier ist allen zugegangen.

A Was meinen Sie?

B Was meinen Sie?

A Wo liegen Ihre Schwierigkeiten?

B Um welche Schwierigkeiten geht es?

A Kann ich Ihnen bei Ihren Schwierigkeiten helfen?

B Es gibt keinerlei Schwierigkeiten.

A Können wir nicht gemeinsame Anstrengungen unternehmen?

B Selbstverständlich müssen wir die Probleme gemeinsam lösen.

A Was kann ich zur Verwirklichung Ihrer Pläne beitragen?

B Wenn ich Sie richtig verstehe, ist das Ziel unserer Zusammenkunft –

A Eine offene Diskussion.

B Ein gemeinsames Gespräch.

A Es erleichtert vieles.

B Sie können mir alles mitteilen.

A Welche Möglichkeiten sehen Sie?

B Wie denken Sie darüber?

A Was halten Sie davon?

B Was können wir Ihrer Meinung nach tun?
A Wie ist Ihre Meinung dazu?
B Welche Einwände haben Sie?
A Stimmen Sie mir zu?
B Lassen Sie sich doch überzeugen –
A Sie haben mich falsch verstanden –
B Wenn Sie behaupten –
A Ich behaupte nichts.
B Das können Sie mir nicht weismachen.
A Grundsätzlich stimme ich Ihnen zu.
B Ich möchte Ihnen sehr gerne zustimmen.
A Dann stimme ich auch zu.
C Ich nehme an, Sie haben Ihre erste face-to-face-Situation erfolgreich bestanden.
Sie waren vielleicht noch ein wenig unsicher,
aber verlieren Sie nicht den Mut,
unsere Gesprächsregeln werden Sie bei genauer Befolgung
zu einem sicheren Gesprächspartner machen.
Entspannen Sie sich einen Moment.
Überlegen Sie dabei, ob Sie Fehler gemacht haben.
Haben Sie nicht zu viele Gedanken eingebracht?
Haben Sie nicht zu viele Vorschläge gemacht?
Waren Sie nicht doch zu konkret?
Bereiten Sie sich in Ruhe auf die zweite Situation vor.
Entspannen Sie sich.

*Die Hintergrundmusik wird für eine Minute lauter und dominiert.*

C Zweite Situation.
Das Thema ist das Gleiche: Verbesserung der innerbetrieblichen Kommunikation.
Es spricht der Angestellte A mit dem ihm vorgesetzten Sachbearbeiter B.
Beginnen Sie.

A Es geht um das neue Kommunikationsmodell.
B Möchten Sie mit mir darüber sprechen?
A So direkt kann man das nicht sagen.
B Was würde Ihnen daran zusagen?
A Es ist interessant.
B Es ist eine Chance.
A Welche Frage möchten Sie dazu stellen?
B Es geht um die Antwort.
A Fragen Sie nach der Antwort?
B Antworten Sie lieber auf meine Frage.
A Ich habe auf jede Frage eine Antwort.
B Ich habe auf jede Antwort eine Frage.
A Worauf kommt es Ihnen an?
B Wie meinen Sie das?
A Was denken Sie?
B Worauf legen Sie besonderen Wert?
A Was halten Sie für das Wichtigste?
B Was schlagen Sie vor?
A Welche Lösung sehen Sie?
B Welchen Vorteil sehen Sie?
A Die Vorteile liegen auf beiden Seiten.
B Aber welche Seite hat den Nachteil?
A Ich möchte mich im Augenblick noch nicht dazu äußern.
B Ich werde im Verlaufe des Gesprächs darauf zurückkommen.
A Das ist eine gute Idee.
B Sie wollten doch sicherlich sagen…
A Ich will nicht die Behauptung aufstellen…
B Was meinen Sie damit?
A Ich habe mich gründlich vorbereitet.
B Sie verbinden ganz verschiedene Dinge miteinander.
A Es geht hier nicht um Vergleiche, sondern um die Sache.
B Extreme sind immer falsch, die Wahrheit liegt in der Mitte.

c Lassen Sie sich nicht provozieren.
Unterbrechen Sie nicht.
Lassen Sie sich nicht unterbrechen.
Sagen Sie nur das, was Sie sagen wollen.
Sagen Sie niemals die Wahrheit.
Geben Sie sich offen und umgänglich.
Nennen Sie die besten Argumente nicht zu früh.
Beginnen Sie nicht mit dem schwächsten Argument.
Denken Sie an Ihr Ziel.
Checken Sie sich ab.
Sind Sie sicher, dass Sie das Gesagte meinen?
Meinen Sie das Gesagte sicher?
Sicher meinen Sie das Gesagte.
Aber sagen Sie nicht das Gemeinte.
Nur so sind Sie sicher, dass Sie das Gesagte meinen.
Sagen Sie nur, was Sie sagen.
Sagen Sie nur das, was alle sagen.
So sind Sie sicher, dass Sie beide dasselbe sagen.
Auch wenn Sie nicht dasselbe meinen.
Erkennen Sie die wahre Bedeutung der Worte.
Sagen Sie es mit anderen Worten.
Verbergen Sie Ihre Worte durch Ihre Worte.
Welche Worte benutzt Ihr Gegner.
Welche Worte verbirgt Ihr Gegner.
Lesen Sie zwischen den Sätzen.
Was versteckt Ihr Gegner.
Was verbirgt er hinter seinen Worten.
Was will er verstehen.
Was versteht er nicht.
Was versteht er zu gut.
Was bedeutet das Gesagte.
Was bedeutet es nicht.
Was bedeutet es trotzdem.
Was bedeutet es auf alle Fälle.

Was bedeutet es.
Was ist die Absicht der Worte.
Locken Sie Ihren Gegner aus der Reserve.
Begeben Sie sich selbst in Reserve.
Kommen Sie nie direkt zum Problem.
Fallen Sie nicht mit der Tür ins Haus.
Bieten Sie Ihrem Gegner keine Angriffsfläche.
Warten Sie, bis Ihr Gegner Fehler macht.
Decken Sie Ihre eigenen Fehler sofort wieder ab.
Öffnen Sie Ihr Visier.
Aber lassen Sie es innerlich herab.
Sie müssen fehlerlos sein.
Sie müssen perfekt agieren.
Sie müssen schnell reagieren.
Sie müssen unbarmherzig parieren.
Wiederholen Sie.

A Keine Angriffsfläche bieten.

B Jeden Fehler ausnutzen.

A Fehlerlos sein.

B Perfekt agieren.

A Schnell reagieren.

B Unbarmherzig parieren.

C Situation drei.
Der Sachbearbeiter B spricht mit dem Bereichsleiter A über das Thema.
Sprechen Sie.

*Gong*

B Herr A, es geht um folgendes Problem –

A Lieber Herr B, Probleme, wer hat die nicht.

B Wem sagen Sie das.

A Ich habe auch meine Probleme.

B Aber Ihr Problem –

A Ist nicht mein Problem.
B Aber mein Problem –
A Ist Ihr Problem.
B Sie verstehen sicher –
A Sie wissen ja, wie das ist. –
B Sie kennen das doch –
A Ich muss Ihnen das ja nicht erzählen –
B Wir wissen ja alle Bescheid –
A Wer kennt das nicht –
B Es geht doch jedem so –
A Das passiert jedem von uns –
B Das ist menschlich –
A Ich komme Ihnen entgegen.
B Ich bin immer für den Kompromiss.
A In Anbetracht der Sachlage.
B In Anbetracht der Zwangslage.
A In Anbetracht der Sachzwänge.
B Es gibt ein Mehr an Gemeinsamkeit.
A Es gibt ein allgemeines Mehr.
B Es gibt mehr Allgemeines.
A Das geht völlig in Ordnung.
B Sprechen wir nicht davon.
A Es hat keinen Sinn.
B Lassen wir es also.
A Wenden wir uns einem anderen Thema zu.
B Wenn Sie nicht mehr weiterwissen, wechseln wir das Thema.
A Es fällt Ihnen offenbar schwer, beim Thema zu bleiben.
B Das Thema ist Ihnen offenbar unbequem.
A Geben Sie doch zu, dass Sie keine Ahnung vom Thema haben.
B Ich möchte beim Thema bleiben, selbst wenn es Ihnen nicht passt.
A Sie haben überhaupt keine Meinung zur Sache.
B Ihre Definitionen sind mir zu vage.

A Ihre Gründe sind offenbar so schwach, dass Sie Ihre Meinung nicht äußern möchten.

B Ich habe nicht ganz verstanden, können Sie das noch einmal erläutern?

A Ich verstehe Sie jedenfalls nicht.

B Die Dinge liegen eben sehr viel tiefer.

A Dem kann ich mich vollinhaltlich anschließen.

C Bleiben Sie locker und entspannt.
Sie müssen Herr Ihrer Gefühle sein.
Sie dürfen nicht verwundbar sein.
Sie müssen das Spiel gewinnen.
Sie müssen den Raum als Sieger verlassen.
Sie müssen das Gespräch beherrschen.
Entspannen Sie sich.
Schalten Sie kurz ab.
Kreislauf anregen.
Lockern Sie Ihre Muskulatur.
Atmen Sie tief und ruhig.
Entspannen Sie sich.
Schaffen Sie eine positive Atmosphäre.
Stimmen Sie sich optimistisch ein.
Suchen Sie Blickkontakt.
Bleiben Sie gelassen und ruhig.
Lassen Sie sich nicht provozieren.
Unterbrechen Sie nicht.
Lassen Sie sich nicht unterbrechen.
Lassen Sie Ihren Partner ausreden.
Reagieren Sie nicht aus der Defensive.
Der Angriff ist die beste Verteidigung.
Geben Sie nie die Führung ab.
Schauen Sie Ihren Partner an.
Akzeptieren Sie ihn als Mensch.
Zeigen Sie das Interesse am Menschen.

Situation vier.
Der Bereichsleiter A spricht mit dem Abteilungsleiter B über das Thema.
Sprechen Sie.

*Gong*

B Es geht um das K-Thema.
A Das ist ein Vorschlag.
B Das ist eine gemeinsame Basis.
A Wir können davon ausgehen.
B Das können wir, glaube ich, tun.
A Wie sind die einzelnen Schritte?
B In dem Punkt stimmen wir überein.
A Was haben wir gesagt?
B Wir haben miteinander darüber geredet.
A Das ist die Gemeinsamkeit.
B Gemeinsam redet es sich leichter.
A Sie schlagen also vor –
B Lassen Sie mich wiederholen –
A Ich möchte zusammenfassen –
B Sie scheinen meinen Vorschlag nicht annehmen zu wollen.
A Sie scheinen nicht bereit zu sein, weiter darüber zu sprechen.
B Habe ich vielleicht etwas gesagt?
A Was sind Ihre Vorbehalte?
B Was haben Sie einzuwenden?
A Ich werde darüber nachdenken.
B Das ist meine Angelegenheit.
A Machen Sie bitte einen Punkt.
B Ein solches Verhalten habe ich nicht von Ihnen erwartet.
A Und ich hätte es Ihnen nie zugetraut.
B Ich halte es für das Beste.
A Ich auch.
C Hören Sie aufmerksamer zu.

Hören Sie auf die Nebensätze.
Zuhören ist die Kybernetik des Gesprächs.
Der Regelmechanismus zwischen Ihnen und Ihrem Gegner.
Information. Reaktion.
Programmieren Sie Ihren Computer.
Schalten Sie Ihr Zielprogramm ein.
Schalten Sie das Zuhörfilter vor.
Nur relevante Informationen nützen Ihnen.
Nur klare Impulse steuern Ihre Impulse einwandfrei.
Das Steuerungssystem Ihres Dialogs ist wertfrei.
Es funktioniert mechanisch.
Es ermöglicht das reibungslose Gespräch.
Analysieren Sie die Sprache Ihres Gegners.
Sprechen Sie in seiner Sprache.
Passen Sie sich seiner Sprache an.
Richten Sie sich nach seinen Worten.
Erspüren Sie seine Interessen.
Denken Sie an seine Zielsetzung.
Sprechen Sie sie an.
Lassen Sie Ihr Ziel nicht aus den Augen.
Kontrollieren Sie Ihr Feedback.
Ausrichtung des Dialogs auf Ihr Ziel.
Sprechen Sie Ihren Gegner an.
Sprechen Sie seine Gefühle an.
Zeigen Sie auf keinen Fall Ihre Unsicherheit.
Verteidigen Sie sich nicht.
Greifen Sie an.
Ihr Ziel ist: zu überzeugen.
Es geht um die Sache.
Es geht um den Sieg.
Es geht um Sie.

Situation fünf. Der Abteilungsleiter B spricht mit dem Hauptabteilungsleiter A.
Sprechen Sie.

*Gong*

B Wie beurteilen Sie die Sache gefühlsmäßig?
A Wie würden Sie reagieren.
B Was meinen Sie damit?
A Das können Sie mir erklären.
B Sind Sie nicht einverstanden?
A Können Sie Ihre Einwände erläutern?
B Sind Sie einverstanden?
A Wollen wir offen sprechen?
B Versuchen wir, die Dinge zu klären.
A Nehmen Sie mich beim Wort, aber nageln Sie mich nicht auf jeden Satz fest.
B Das Gesagte gilt hier und heute und ist so lange in völliger Verbindlichkeit unverbindlich.
A Ich bin Ihnen immer verbunden, solange wir unverbindlich bleiben.
B Wenn wir unverbindlich bleiben, können Sie jederzeit über mich befinden.
A Das ist eine elegante Lösung.
B Das ist ein phantastischer Vorschlag.
A Sie haben mich ungeheuer motiviert.
B Auch ich fühle mich direkt angesprochen.
A Meinen Sie das so oder so?
B Worauf kommt es Ihnen hier besonders an?
A Worauf legen Sie besonderen Wert?
B Was halten Sie für das Wichtigste?
A Was schlagen Sie vor?
B Welche Lösung sehen Sie?
A Welchen Vorteil sehen Sie?

B Nennen Sie Ihre Argumente.
A Beginnen Sie bitte.
B Sagen Sie das, was Sie sagen wollen.
A Ich weiß noch nicht, was ich sage.
B Ich möchte mich nicht dazu äußern.
A Ich denke, dass schon genügend gesagt wurde.
B Ich nehme mein Wort zurück.
A Ich schließe mich an.
B Behalten Sie die eigene Meinung?
A Das ist eine Unterstellung.
B Unterstellen Sie, dass ich etwas sagen will?
A Ich unterstelle keine Meinung.
B Ich meine diese Stelle.
A Wenn Sie das so sagen wollen.
B Das ist unbestreitbar.
A Ich widerlege Sie nicht.
B Ist das Ihre Ansicht?
A Auf keinen Fall.
B Aber Sie sind davon überzeugt?
A Davon bin ich überzeugt.

C Situation sechs.
Der Hauptabteilungsleiter A spricht mit dem Direktor B.
Sprechen Sie.

*Gong*

A Sie waren doch der Ansicht –
B Sie haben gehört –
A Sie verwiesen –
B Es lässt sich einwenden –
A An dieser Stelle –
B Ich möchte meinen –
A Ich versuche es –

B Stellen Sie sich vor –
A Was würden Sie sagen –
B Was meinen Sie wohl –
A Ich bin nicht sicher.
B Verstehe ich Sie richtig?
A Sie wollen sagen –
B Das nicht gerade –
A Ich meine nur –
B Das ist allgemein.
A Die Diktatur des Allgemeinen.
B Ein Mann ist immer noch ein Wort.
A Der Mensch ist viel zu sehr verwortet.
B Heute sind alle Werte verwortet.
A Wertlose Worte.
B Wortlose Werte.
A So liegen die Dinge.
B Das ist die Logik.
A Das ist der Fall.
B Der Sachverhalt ist logisch.
A Das sagt schon die Vernunft.
B Das ist die Vernunft.
A Das ist der Sachverhalt.
B Mit einem Wort.
A Mit einem Wort.

C Die Schluss-Situation.
Direktor B legt dem Generaldirektor A den ausdiskutierten Kommunikationsplan vor.
Sprechen Sie.

*Gong*

B Wie ist Ihre Meinung zum neuen K-Modell?
A Abgelehnt.

*Kleine Pause*

C Meine Herren, ich gratuliere Ihnen.
Sie haben Ihr Ziel erreicht.
Sie sind der Sieger.
Sie sind eine Führungspersönlichkeit.
Die Führungspersönlichkeit hat die Macht.
Die Macht entscheidet.

*Die angenehm entspannende Musik läuft noch ein paar Minuten weiter.*

*Ende*

# Nachlese

Überzeugend wirken die Fernseh- und Hörspiele des Autors, die lakonisch und skeptisch Details unserer Realität registrieren. In den Hörspielen *Die Wand, Bergerstraße 8* und *Porträt eines Nachmittags* kristallisieren sich sonst diffuse Alltagssymptome zu klar sichtbaren Konflikten. Kein voreiliger Therapieversuch verfälscht Fortes exakte Diagnosen.

*Eva-Maria Lenz*, Frankfurter Allgemeine Zeitung

Forte hat in der Bildsprache in *Sonntag* über die lapidaren Dialoge in *Achsensprung* und *Gesundheit* zum größeren verbalen Ausdruck vorerst zurückgefunden. Ich meine damit weder Heimkehr noch Fortschritt, sondern die fesselnde Entwicklung eines Autors, der die verschiedenen Möglichkeiten von Fernsehen (per se ein Wechselbalg) entdeckt und nützt.

*Hans Bachmüller*, epd

Überschaut man die Fernsehspiele Dieter Fortes im Zusammenhang, so ergibt sich nicht nur der Eindruck einer sich ständig vertiefenden analytischen Kraft, bezogen auf die Darstellung dessen, was als soziale Lebenswirklichkeit unsere Gegenwart ausmacht, sondern auch der Eindruck eines sich ständig ändernden und erweiternden Spektrums von formalen Möglichkeiten. Und schon jetzt besteht kein Zweifel daran, dass die Intensität dieser sprachlichen und bildlichen Durchdringung unserer zeitgenössischen bundesdeutschen Realität allein die Frage nach der literarischen Qualität dieser Fernsehspiele zu beantworten vermag.

*Manfred Durzak*

# Quellennachweise

***Die Wand***
Regie: Friedhelm Ortmann
Sprecher: Helmut Griem
Erstsendung: 25.9.1965, WDR 2

***Sonntag***
Regie: Niels-Peter Rudolph
Kamera: Michael Ballhaus
Volker Spahr/Barbara Nüsse/Jürgen Cziesla/Karin Schlemmer/
Gerd Kunath
Erstsendung: 9.10.1975, Südwestfunk

***Porträt eines Nachmittags***
Regie: Günter Bommert
86 Sprecher in über 100 Rollen
Erstsendung: 17.2.1967, Radio Bremen

***Achsensprung***
Regie: Rolf von Sydow
Kamera: Immo Rentz
Herbert Fleischmann/Rosemarie Fendel/Christoph Wackernagel/
Rudolf Schündler/Heinz Schimmelpfennig/Wolfried Lier/René Deltgen
Erstsendung: 18.1.1977, Südwestfunk/ARD

***Reise-Gesellschaft oder Die Fahrt nach Jerusalem***
Regie: Klaus Mehrländer
Sprecher: Karin Eickelbaum, Tilly Lauenstein, Otto Sander, Almut Eggert, Inken Sommer, Evelyn Gressmann, Klaus Herm, Christian Rode, Nobert Langer u.a.
Erstsendung: 13.9.1987, WDR 3

***Der Aufstieg – Ein Mann geht verloren***
Regie: Peter Patzak
Kamera: Johannes Hollmann
Ernst Schröder/Joachim Dietmar Mues/Ulrich Faulhaber/Ludwig Thiesen/ Ilsemarie Schnering
Erstsendung: 12.11.1980, Südwestfunk/ARD

***Sprachspiel***
Regie: Friedhelm Ortmann
Sprecher: Eva Garg, Stefan Wigger, Jürgen Thormann
Erstsendung: 22.7.1980, WDR 2

## Hörspiele

***Die Wand***
Westdeutscher Rundfunk Köln
Erstsendung: 25.9.1965 WDR 2
18.11.65 WDR 3/Radio Ljubljana/14.7.67 RB/ 31.8.80 SWF/31.5.2006 WDR 3

***Porträt eines Nachmittags***
Radio Bremen
Erstsendung: 17.2.1967
5. 3.1967 RB/30.10.1968 DLF

***Bergerstraße 8***
RIAS Berlin
Erstsendung: 29.5.1967

***Sprachspiel***
Westdeutscher Rundfunk Köln
Erstsendung: 22.7.1980 WDR 2
31.8.80 SWF/10.9.80 DLF/13.2.82 WDR 2/6.6.82 RB/ 28.9.82 Radio DRS Basel/1982 Hilversum NCR/29.1.87 WDR 1/16.7.87 SFB/ 23.3.88 DLF/24.3.95 LITA Bratislava/25.10.95 WDR 5/31.5.2006 WDR 3

***Martin Luther & Thomas Münzer oder Die Einführung der Buchhaltung***
Südwestfunk Baden-Baden/Sender Freies Berlin/Radio DRS Basel
Erstsendung: 22.3.1983 (Teil 1), 29.3.1983 (Teil 2) SWF
2.8+6.8.83 SFB/8.10.+15.10.83 NDR 3/5.11 .+11.11.83 Radio DRS 2/ 12.11.+18.11.83 Radio DRS 2/22.1 +29.1.85 SWF 1/20.12+27.12.98 Radio Bremen/27.11.+ 4.12.99 Radio DRS 2
3 CDs 199 Min., Der Audio Verlag

***Wach auf, wach auf, du deutsches Land***
Sender Freies Berlin
29.10.1983 Öffentliche Aufführung im großen Sendesaal des SFB und Sendung Radio SFB

***Schalltoter Raum***
Westdeutscher Rundfunk Köln
Erstsendung: 16.12.1984 WDR 3
18.9.85 DLF u. Radio DRS/16.4.89 WDR 3/1.9.96 WDR 3

***Die eingebildet Gesunden oder Vor den Wäldern sterben die Menschen***
Radio DRS Basel/Westdeutscher Rundfunk Köln
Erstsendung: 29.1.1985 DRS Radio Basel
2.2.85 DRS 2/11.7.85 WDR+NDR/28.1.86 SFB/27.7.87 Radio Bratislava/ 21.3.93 DRS 2

***Reise-Gesellschaft oder Die Fahrt nach Jerusalem***
Westdeutscher Rundfunk Köln/Südwestfunk Baden-Baden
Erstsendung: 13.9.1987 WDR 3
8.10.87 SWF 2, SDR, SR 2/22.11.93 WDR 5/13.6.95 DLF/30.7.2006 SWR 2

***Die Erinnerung. Das Vergessen.***
Westdeutscher Rundfunk Köln
Erstsendung: 20.2.1994 WDR 3
21.2.94 WDR 5/13.7.95 S2

# Fernsehfilme

***Nachbarn***
Zweites Deutsches Fernsehen Mainz
Erstsendung: 23.12.1970 ZDF
4. 2.1972 ZDF

***Sonntag***
Südwestfunk Baden-Baden
Erstsendung: 9.10.1975 SWF 3
3.8.76 ARD/11.10.78 ARD/25. 2.89 EINS PLUS

***Achsensprung***
Südwestfunk Baden-Baden
Erstsendung: 18.1.1977 ARD
4.3.89 EINS PLUS

***Gesundheit!***
Südwestfunk Baden-Baden
Erstsendung: 9.5.1979 ARD
18.3.80 ORF/31.7.81 ARD/30.11.81 RAI Bozen/11.3.89 EINS PLUS

***Der Aufstieg – Ein Mann geht verloren***
Südwestfunk Baden-Baden
Erstsendung: 1.10.1980 ARD
29.11.80 WDR 3/21.6.81 ORF/4.2.82 ARD/18.3.89 EINS PLUS/30. 7.94 SWF/1.8 94 SFB

1989 Retrospektive in EINS PLUS: »Die Fernsehfilme Dieter Fortes« *(Sonntag, Gesundheit!, Achsensprung, Der Aufstieg)*